AF279741

JOAQUÍN PANIELLO

SIETE MITOS ISLÁMICOS SOBRE LA FE CRISTIANA

Respuestas desde el Corán y la Sunna

EDICIONES UNIVERSIDAD DE NAVARRA, S.A.
PAMPLONA

Serie: Ciencias Sociales

Cupón para la Biblioteca Virtual

Accede a la versión eBook de este título por solo **1,99 €**. Con la compra de este libro puedes utilizar el siguiente cupón para la lectura en *streaming** desde la Biblioteca Virtual. **Sigue estas instrucciones** para visualizar tu libro:

1. Dirígete a la web de la Biblioteca Virtual en **https://ebooks.eunsa.es**.

2. En la web ve a **Iniciar sesión** e introduce tu email y contraseña. Si no estás registrado, deberás completar el proceso en **Registrarse**.

3. Tras registrarte, accede a la página del libro o lee el QR de esta página. Bajo el precio podrás **insertar el código oculto en el siguiente cupón** para activar la promoción.

Despegue para visualizar

Acceso directo al eBook

Canjéalo en ebooks.eunsa.es

*Con acceso a internet desde cualquier navegador.

© 2025. Joaquín Paniello
Ediciones Universidad de Navarra, S.A. (EUNSA)
Campus Universitario • Universidad de Navarra • 31009 Pamplona • España
+34 948 25 68 50 • www.eunsa.es • eunsa@eunsa.es

ISBN: 978-84-313-3998-2
DL NA 82-2025

Cubierta:
*Inscripción en una Puerta de la Mezquita del Profeta
(Al-Masjid an-Nabawi) en Medina*

Imprime: Podiprint
Printed in Spain – Impreso en España

Contenido

LA FE CRISTIANA
SEGÚN MAHOMA Y SIETE MITOS TARDÍOS

Motivo de este libro y público al que se dirige

Hace años, cuando llevaba aún poco tiempo en Jerusalén, di un ciclo de clases a cristianos para profundizar en la fe. Una de las asistentes, cristiana de Belén, me propuso tener también algunas clases sobre cómo contestar a preguntas que le planteaban amigos musulmanes y que no sabía responder.

— ¿Qué tipo de preguntas? –le pregunté.

— Por ejemplo, me dicen que Jesús no murió en la cruz, sino que crucificaron a otro. También dicen que en la Biblia se anuncia la venida de Mahoma. Y me proponen que me haga musulmana, pues –dicen con pena– de lo contrario me voy a condenar.

— Sin duda es todo incompatible con la fe cristiana. Pero estudiaré de donde proviene y tendremos algunas clases –le contesté.

Inicialmente me sonaron preguntas extrañas. Pero era solo fruto de mi desconocimiento del islam en aquel momento, pues en cuanto me puse a estudiarlo, me encontraba repetidamente con las mismas cuestiones y unas pocas más. Pronto me di cuenta de que estaban ampliamente extendidas en la tradición islámica, en particular entre suníes. Poco a poco vi que esas objeciones podían reducirse a siete y confirmé que la mayoría no formaban parte de las creencias iniciales islámicas, sino que se habían acuñado en las etapas más polémicas con cristianos, evolucionando de forma que se llegó a crear un mito con poca base en la fe islámica. La mayor parte de los musulmanes las conocen, pero no saben de donde provienen, más allá de pocos versos coránicos sacados de contexto y recitados de memoria con gran seguridad.

La petición era, en verdad, muy pertinente, pues el camino catequético cristiano ordinario no enseña a responder a esas cuestiones y los cristianos que tienen conocidos musulmanes tarde o temprano tendrán que enfrentarse a ellas. Por eso, a parte de un par de sesiones en la que transmití lo más básico, decidí investigar más a fondo esos puntos para dar a los cristianos seguridad en la fe y a la vez hacer ver que, en su mayor parte, no se corresponden con la idea que Mahoma tenía de la fe cristiana.

Por eso, este libro se dirige primeramente a cristianos en contacto con musulmanes, y secundariamente a musulmanes que tienen una mentalidad abierta y quiere profundizar en esas cuestiones y cómo se relacionan con el Corán y la Sunna, donde encontramos la visión de Mahoma[1]. Probablemente los primeros encontrarán los razonamientos de más interés que los segundos, pues, aceptando excepciones, los cristianos están más inclinados al discurso demostrativo que la mayor parte de los musulmanes, que tienen un concepto más elevado del argumento de autoridad y difícilmente darán prioridad a unos razonamientos frente a lo que han aprendido, aunque se basen en el Corán y la Sunna. Esa

---

1. La Sunna contiene los hechos y dichos de Mahoma. Discutiremos su origen y contenido en pp. 15ss.

primacía del argumento de autoridad da cohesión al islam, pero también frena el uso de la razón.

Sin duda, hay diferencias entre la fe islámica y la cristiana, pero hay también malos entendidos que pueden resolverse desde el respeto mutuo de las fuentes, sin recurrir a descalificaciones gratuitas o ironías con equivocadas pretensiones apologéticas. El lector musulmán puede estar seguro de que encontrará en este libro una actitud de respeto a su fe, pero tal vez tropiece con desafíos sobre cómo le ha sido transmitida; por eso le animo a comprobar las citas del Corán y la Sunna, y buscar otras para valorar lo que aquí se dice de modo que le ayude a profundizar en su fe sabiendo distinguir el contenido de su fe de lo que solo pertenece a la cultura, en particular al juzgar sobre los cristianos. Y así también entenderá en qué aspectos puede estar de acuerdo con el punto de vista cristiano y en cuáles no.

En todo caso, es posible aceptar las diferencias en una actitud de respeto mutuo. Me gusta relatar una pequeña anécdota. La casa donde vivo en Jerusalén es grande y tiene un mantenedor árabe cristiano. En una ocasión que había que hacer algunas reparaciones, vinieron dos electricistas que trabajaban juntos, uno musulmán y el otro judío. En una pausa del trabajo se encontraron los tres compartiendo un café y un hummus al limón muy apreciado por todos, que había hecho el padre del judío. Hablando de su propia diversidad, concluyeron que cada uno podía haber nacido en la familia del otro y serían de la otra religión, con lo que ¿qué sentido tenía discutir sobre la fe? Lo que importaba era, sabiendo que hay diferencias, aprender a estar por encima de visiones radicales y así convivir y trabajar juntos en paz. Este libro quiere fomentar esa actitud.

Los escritos islámicos canónicos

Antes de iniciar la exposición, vamos a describir las principales fuentes escritas del islam, pues deberemos usarlas con frecuencia. Lo haremos considerando el valor que tienen para un musulmán. Un cristiano no tiene por qué creer que su origen es divino, pero puede comprender que otros lo consideren así y respetar esa creencia al emplear los textos con reverencia.

El Corán[2]

El libro está compuesto de 114 capítulos o suras (también llamados tradicionalmente *azoras* en español). Dejando aparte la primera sura, breve e introductoria, las demás están dispuestas según la longitud de cada una, comenzando por la más larga (286 versos) hasta las más breves. Las últimas diez suras tienen solo entre tres y siete versos. Los versos se llaman también aleyas (de *al-āyah* en árabe). Para citar el Corán se usan dos números, la sura y la aleya, aunque con frecuencia en lugar del primer número se emplea el título de la sura en cuestión. Aquí lo citaremos con una Q mayúscula seguida de los números de sura y aleya (por ej., Q 4:157)[3].

Hay otra división en 30 partes, cada una con una extensión similar, que corresponde a los 30 días de Ramadán. Muchos musulmanes recitan una parte cada día de ese mes.

---

2. Usaremos la traducción del Corán de Ünal, Alí, *Sagrado Corán y su interpretación comentada*, Clifton: Blue Dome, Inc., 2009. Sin embargo, omitiremos las palabras explicativas que añade entre paréntesis, pues no están en el original y fijan la interpretación. Para algunas discusiones, emplearemos la web https://quran.com/, en árabe e inglés.

3. Daremos las referencias del Corán y de la Biblia en el texto, entre paréntesis. La versión de la Biblia será la oficial de la Conferencia Episcopal Española (https://www.conferenciaepiscopal.es/biblia/).

Sobre el origen del texto, Yasir Qadhi, uno de los académicos musulmanes más influentes en Estados Unidos, explica:

La gran mayoría de los eruditos sostienen la opinión de que el proceso de revelación ocurrió en tres etapas distintas:
Primera etapa: El Corán, el Discurso de Allah, fue escrito en el Lauḥ al-Maḥfoodh, *o la Tabla Preservada, que está con Allah (…).*
Segunda etapa: Desde Lauḥ al-Maḥfoodh, *Allah reveló el Corán a los cielos inferiores, en un lugar llamado "La Casa de Honor" (al-Bayt al-Izza). Esta revelación ocurrió en Ramadán, en la Noche del Decreto (Laylat al-Qadr) (…).*
Tercera etapa: (…) En esta etapa, Jibril *trajo aquellas porciones del Corán que Allah le ordenó traer*[4].

El Corán, en cuanto palabra divina, se considera eterno, y Dios lo reveló escribiéndolo primero en la Tabla Preservada. Más tarde lo transmitió a "los cielos inferiores" en la noche del Decreto mencionada en Q 97:1 y 44:3, que se celebra como fiesta particularmente importante durante Ramadán. Otras tradiciones consideran que esa noche Mahoma recibió todo el Corán en su alma de un modo genérico. Más tarde, *Jibril*, que la tradición identifica con el Ángel Gabriel, lo fue dictando a Mahoma verso a verso en distintos momentos a lo largo de 22 años. Él recitaba la inspiración recibida tres veces, para que la memorizaran sus compañeros y luego las escribieran. En algunas temporadas, había varias suras empezadas, y el profeta decía a cuál debía añadirse el nuevo verso que recitaba. Alrededor de 20 años después de la muerte de Mahoma, cuenta la tradición que había musulmanes que recitaban el Corán de memoria con algunas diferencias entre ellos y se habían difundido escritos incompletos. Uthman, el tercer Califa, reunió a

4. Qadhi, Yasir, *An Introduction to the Sciences of the Qur'an*, Birmingham, UK: Al-Hidaayah Publishing and Distribution, 1999, pp. 75-78.

los mayores expertos, estableció una versión standard y quemó los demás escritos completos o parciales, fijando el texto definitivo.

El orden cronológico de las suras es importante por la ley de *naskh* o abrogación, según la cual el precepto de una sura posterior puede derogar uno previo. Sin embargo, el orden que siguen las suras en el Corán no es cronológico, por lo que los juristas tuvieron que desarrollar una cronología tradicional de referencia. Aunque en la asignación de algunas suras el acuerdo no es completo, sí lo hay en los dos grandes grupos de suras: las de La Meca, más tempranas, y las de Medina, después de la hégira –emigración a Medina– en el año 622. En general, las de La Meca son más espirituales, sus versos son más breves y de un lenguaje más poético, mientras que las de Medina son en prosa, con aleyas más largas y de contenido orientado a la organización social o a la guerra.

El lenguaje es literario y arcaico, por lo que algunas partes pueden resultar difíciles de entender incluso para quienes hablan árabe como lengua madre, si tienen solo una educación básica. Además, usa muchos pronombres cuyos antecedentes no son siempre claros. Sin embargo, esto no es considerado problemático, pues es más importante recitarlo que entenderlo completamente. La buena recitación en árabe con sus ritmos adecuados son parte importante de la fuerza del Corán.

Además, conviene tener en cuenta que «el objetivo del Corán no es contar una historia cronológicamente, y por eso, el Corán no debe ser visto como una narrativa secuencial tal como lo es el Libro del Génesis»[5]. Esto explica que las historias no suelen tener un inicio, desarrollo y final, sino que frecuentemente están entrecortadas. Esto es un desafío para una mente occidental que tiende a valorar más el significado de los textos y la lógica que los soporta.

5. Recurso para consulta en:
https://islamhouse.com/read/es/introducci%C3%B3n-al-cor%C3%A1n-153368

El árabe tiene el valor de lengua sagrada. Por eso, las traducciones no se consideran el mismo Corán e incluso estuvieron prohibidas por mucho tiempo y quien quiera ser escuchado por Dios ha de decir las oraciones en árabe.

La Sunna

El segundo texto en importancia es la Sunna que significa "práctica habitual" o "estilo de vida". Consiste en un corpus de obras que contienen colecciones de hadices (tradiciones), hechos y dichos de Mahoma o, en menos casos, de alguno de sus compañeros, transmitidos inicialmente por una cadena ("*isnād*") de testimonios orales. Cada hadiz incluye la cadena de testigos y el texto correspondiente. Se recogieron por escrito entre los años 200 y 250 después de la muerte de Mahoma. Conviene tener en cuenta que las tradiciones orales de los tiempos en los que pocos sabían leer y escribir tenían un valor muy superior al que actualmente se les da. La memoria y la fidelidad en la transmisión se valoraban mucho y por eso, a pesar del tiempo transcurrido, se puede confiar que, muchos de ellos, transmiten hechos reales. Sin embargo, esos volúmenes gozan de autoridad dispar, según el prestigio y la precisión que se atribuye a quien compiló cada uno. Los dos más prestigiosos son Sahih al-Bukhari y Sahih Muslim de los que todos sus hadices se consideran con el mayor grado de autenticidad (sahih, verdadero). Los siguientes cuatro más fiables son Sunan an-Nasa'i, Sunan Abi Dawud, Jami at-Tirmidhi y Sunan Ibn Majah (para otros, Muwatta Malik)[6].

---

6. Citaremos la Sunna traduciendo de esta web, disponible en árabe e inglés: https://Sunna.com/. Además de los libros mencionados, usaremos Mishkat al-Masabih y Ash-Shama'il Al-Muhammadiyah.

En su conjunto, la Sunna ayuda a clarificar el Corán y es la fuente principal de conocimiento sobre las normas de vida del profeta. Cuando una tradición se ha transmitido por varios testimonios, porque había más de un testigo en el origen o a mitad de la cadena, se mantienen todas las que se consideran veraces, por lo que la Sunna contiene muchas repeticiones del contenido, variando la cadena de testigos. El número total de hadices en las seis colecciones mencionadas ronda los 37.000.

Algunos hadices explican las circunstancias en las que Mahoma pronunció por primera vez un verso del Corán, aportando la circunstancia y el lugar. Otras muchas solo recogen unas palabras que alguien le escuchó o algo que hizo, con escaso contexto. Los que no tienen su origen en Mahoma sino en uno de sus compañeros, gozan de menos autoridad.

La Sunna no tiene la autoridad del Corán, pues no se considera un texto revelado, aunque sí inspirado. Qadh explica así el tipo de inspiración del Corán, y termina con el de la Sunna:

> *Otros académicos, principalmente los* Ash'arees, *afirmaron que* Jibril *recibió la inspiración del significado del Corán, pero la redacción es de* Jibril *o de Muhammad. Esta opinión es rechazada por completo, porque sus adherentes niegan lo que Allah ha afirmado por Sí Mismo, a saber, que el Corán es Su* kalaam [palabra] *que Él Pronunció de una manera que le conviene. Decir que la redacción del Corán es de* Jibril *o Mahoma niega todo el concepto del* kalaam *de Allah y de la naturaleza milagrosa del Corán. De hecho, <u>este tipo de inspiración es solo para la Sunna del Profeta</u>, y no para el Corán*[7].

En la Sunna, por tanto, el significado de una tradición se considera inspirado, pero la redacción concreta pertenece al relator. Por ese motivo se pueden encontrar tradiciones concordantes que

---

7. Qadhi, *An Introduction to the Sciences of the Qur'an*, p. 69.

tienen variaciones de redacción entre relatores o transmisores distintos. Por no tener la autoridad del Corán, es posible desechar algún hadiz cuando no es del todo fiable o no se ve cómo hacer su contenido compatible con otros hadices. Por eso, existe una escala que clasifica cada hadiz según el grado de certeza de la transmisión. El prestigio de los compiladores de los dos primeros libros hace que se asigne a todos el grado máximo, como se ha dicho, pero a los demás se les asigna según la calidad de la cadena de transmisión. El contenido no es esencial, aunque si hay otros con el mismo contenido o similar, también se considera un dato favorable. Las categorías principales en las que los expertos clasifican los hadices son:

- Sahīh – transmitido por una cadena ininterrumpida de narradores, todos ellos con carácter y memoria fiables.
- *Hasan* – transmitido por una cadena ininterrumpida de narradores, todos ellos con carácter fiable pero no todos con memoria segura.
- *Da'īf* – débil, que no puede tener el estatuto de *hasan* porque le falta uno o más elementos. Por ejemplo, la carencia de solidez de carácter o memoria de un narrador, una laguna en la narración o un salto en la cadena de testimonios.

La Sharía, o ley islámica, se basa en el Corán y la Sunna, y considera la jurisprudencia posterior según las distintas escuelas[8]. Requiere mucho esfuerzo juzgar qué es legal o ilegal en un contexto específico, por lo que la gente común debe recurrir a expertos.

---

8. Hay 8 *Mathhabs* (escuelas de jurisprudencia): 4 sunitas (*Hanafi*, *Maliki*, *Shafi'i* y *Hanbali*), 2 chiitas (*Ja'fari* y *Zaydi*), y otras dos menos influyentes (*Ibadi* y *Thahiri*).

Sirat Rasul Allah (vida del mensajero de Alá), por Ibn Ishaq

Ni el Corán ni la Sunna son escritos sistemáticos. Por este motivo, la primera biografía de Mahoma tiene el valor añadido de poner en orden los eventos que sucedieron durante su vida. No se considera un libro inspirado por Dios, aunque se percibe cierto esfuerzo por mencionar las autoridades que transmiten algunas de las historias, pero muchas de ellas no tienen esa cadena. El autor, Ibn Ishaq (704-778), era conocido por su colección de narraciones de campañas militares de Mahoma. Eso se manifiesta en que al escribir su vida dedica una buena parte a describir batallas. El libro está dividido en tres secciones en correspondencia con periodos de la vida de Mahoma: antes del comienzo de las inspiraciones, su predicación en La Meca y su vida en Medina hasta su fallecimiento. Esta última parte es mucho más larga (dos tercios del libro) pues las tradiciones de la vida del profeta sobre sus últimos diez años son más abundantes.

El libro experimentó alteraciones. La versión más antigua que nos ha llegado es la publicada por Ibn Hisham[9], que murió en 833, es decir, 201 años después de la muerte de Mahoma. El editor explica en la introducción por qué omitió parte de las narraciones, y entre otras razones, leemos: «Cosas que daría vergüenza discutir, asuntos que intranquilizarían a ciertas personas e informes que mi maestro me dijo que no podía aceptar como confiables, todo esto lo he omitido»[10].

9. Ibn Ishaq, *The Life of Muhammad. A Translation of Ishaq's Sirat Rasul Allah*, by Alfred Guillaume, Karachi: Oxford University Press, 1967 (1ª ed. 1955). Las traducciones al español son nuestras. La citaremos como Ibn Ishaq, *Sirat Rasul Allah*.

10. Ibidem, 691.

La fe cristiana según Mahoma y siete mitos tardíos

Una vez descritas brevemente las fuentes fundamentales del islam, nos proponemos acudir a ellas para estudiar los siete mitos sobre las creencias cristianas más difundidos entre los musulmanes en la actualidad. Esos mitos cristalizan en siete afirmaciones, que podemos enunciar así:

1. Jesús no murió, otro fue crucificado en su lugar.
2. La Biblia ha sido alterada.
3. Dios no puede tener un hijo.
4. Jesús nunca dijo que fuera Dios.
5. La Trinidad es como tres dioses, y Dios es uno.
6. La Biblia anuncia la venida de Mahoma.
7. Los cristianos no se salvarán en el día del juicio.

Estas son las objeciones más frecuentes que los musulmanes corrientes presentan a la fe cristiana. El Corán menciona otros particulares sobre Jesús (*Issa* o *'Issa* en el Corán) que no son parte de la fe cristiana pero tampoco la contradicen, por ejemplo, que de niño habló desde la cuna o que formó pájaros con barro y les dio vida. También hay menciones respetuosas de María, la madre de Jesús. Pero, en sí mismas, esas historias no contradicen la fe cristiana.

1

Jesús no murió ni fue crucificado[1]

Un día, al bajar de un autobús que me había llevado a Abu Gosh, cerca de Jerusalén, caminaba a mi lado un musulmán que al ver un sacerdote me habló de lo que el Corán dice de Jesús y de María. Entre otras cosas, me dijo que Jesús no murió, sino que Dios se lo llevó al cielo y que en Abu Gosh tienen a gala que desde allí subió al cielo, según una tradición local. Le dije que, para los cristianos, la muerte de Jesús en la cruz y la resurrección eran extremadamente importantes. También le dije que, por lo que había leído, la afirmación de que no murió tenía una base muy frágil. Ahí lo dejamos, pero convenimos en que, aunque nuestra fe fuera distinta, podíamos seguir hablando como buenos amigos.

Ciertamente, oír que Jesús no murió en la cruz suena extraño a un oído cristiano, que está más acostumbrado a lidiar con la cuestión de si es cierto que Jesús resucitó después de la muerte. De hecho, los apóstoles son considerados testigos de su resurrección,

1. Los argumentos aquí expuestos están más desarrollados en el siguiente estudio reciente (en inglés): Paniello, Joaquin, «The Reality of Jesus' Death in Q 4:157: A Summary of views and a New Proposal in the Light of Jewish-Christian Controversies», en *Islamochristiana* 49 (2023), pp. 235-264.

no de su muerte, porque la muerte de Jesús era evidente para todas las partes implicadas» en su tiempo.

¿De dónde procede esta negación?

La negación convencional –aunque no universal– por parte de los musulmanes de la muerte de Jesús en la cruz se basa en un solo verso coránico de la sura *al-Nisah*: Q 4:157. Esta teoría de la negación es problemática por varias razones. Primero, supone que los testigos oculares de la crucifixión de Jesús, así como generaciones de romanos, cristianos y judíos, fueron engañados por Dios durante seis siglos hasta que el Corán *aclaró* lo sucedido. En segundo lugar, esta teoría evoca la pregunta de por qué ningún hadiz de la Sunna aporta un comentario del profeta Mahoma sobre una afirmación tan extraordinaria. En tercer lugar, toda la teoría depende de unas pocas palabras, que uno esperaría que fueran muy claras al respecto, pero, sorprendentemente, no lo son. Además, muchos comentarios clásicos no ayudan a comprender mejor estas palabras porque se centran en describir varias leyendas sobre cómo otro hombre tomó el lugar de Jesús en la cruz, historias que no concuerdan entre sí. Muchas de estas narrativas se basan en fuentes extra-islámicas conocidas con el nombre genérico de *Israiliyyat*, y, sin embargo, se consideran tradiciones islámicas. No es necesario relatar aquí sus posibles orígenes, pero el hecho crucial es que ninguna de estas tradiciones se atribuye al propio Mahoma. Por lo tanto, estas leyendas no son parte de la Sunna autorizada.

El verso coránico en cuestión, el único que menciona la crucifixión de Jesús, es el siguiente:

Y por haber dicho: «Hemos matado al Mesías, Jesús, hijo de María, el Mensajero de Dios» –mientras que no fue así, pues no le mataron ni le crucificaron, sino que el asunto les pareció dudoso. Los que discrepan sobre este asunto y sobre Jesús, se hallan en verdad confundidos. No poseen un conocimiento firme al respecto, siguen meras conjeturas. Y con toda certeza, no le mataron (Q 4:157).

El significado de algunas partes es más ambiguo en el original, y resulta difícil lograr una traducción que transmita las ambigüedades, por lo que hay que optar por uno de los significados posibles.

No hay otro lugar en el Corán que mencione la crucifixión de Jesús, aunque hay tres aleyas referidas a su muerte, que veremos después. Y ningún hadiz de las colecciones más fiables de la Sunna se refiere a este verso. Se menciona la crucifixión en la *Sirah* de Ibn Ishaq en un texto que comentaremos más adelante, pero podemos adelantar que no da pie a la teoría de la sustitución y en cambio resulta compatible con que Jesús murió en la cruz.

No hay duda de que Q 4:157 se refiere a los judíos y afirma que ellos *no le mataron ni le crucificaron*. La traducción que hemos tomado continúa justamente con estas palabras: *sino que el asunto les pareció dudoso*. Otras traducciones consideran que el sujeto de esta expresión es personal, pues, aunque no aparece en el original, la forma del verbo admite un sujeto personal o impersonal, y traducen el verbo como "les pareció semejante" o algo equivalente. En esta expresión se apoyan diversas leyendas de que otro, con el aspecto de Jesús, fue crucificado en su lugar. Más adelante analizaremos por qué se traduce así y veremos que es erróneo.

El contenido de la discusión que viene a continuación es poco claro, *los que discrepan sobre este asunto [y sobre Jesús], se hallan en verdad confundidos. No poseen un conocimiento firme al respecto, siguen meras conjeturas*. De nuevo *y sobre Jesús* es un añadido que no está en el original, pero que cabe interpretar así porque el pronombre puede ser personal o impersonal, por eso el traductor resuelve la ambigüedad del texto original duplicando el objeto (*sobre este asunto y sobre Jesús*).

Los intentos de explicar este pasaje vendrán más tarde, en el ámbito del *tafsir*, la exégesis del Corán. Como Joseph Cumming, estudioso del islam, señaló en un artículo de 2005, analizando las interpretaciones, «históricamente, un rico y amplio rango de respuestas a esta cuestión se han visto como legítimamente sostenidas en la comunidad musulmana»[2]. En 2009, Todd Lawson dedicó un libro a estudiar este verso del Corán, y expone que sólo unos pocos textos de los primeros siglos del islam, en particular Ismaelitas Chiitas, entienden que esta aleya no niega la muerte de Jesús. Y Gabriel Said Reynolds, bien conocido académico, concluye que «la gran mayoría de las tradiciones exegéticas clásicas explican, en cambio, que Dios transformó a alguien distinto de Jesús para que se pareciera a él y muriera en su lugar, mientras Jesús era llevado al cielo vivo, en cuerpo y alma»[3].

Los exégetas que defienden esta teoría de la sustitución presentan diferentes leyendas para explicar cómo sucedió y pocas de ellas concuerdan entre sí. Algunos ejemplos de esas leyendas son: Dios hizo que la apariencia de Judas se convirtiera en la de Jesús y fue crucificado, un apóstol se ofreció voluntariamente a recibir esa apariencia, o todos los apóstoles recibieron los mismos rasgos físicos de su Maestro y mataron a uno, etc. A esto añaden todo tipo de detalles. Esas historias no son exégesis del texto, ya que no hay ningún intento de entender las palabras, sólo de proveer de

2. Cumming, Joseph, 2005, «Did Jesus Die on the Cross? Reflections in Muslim Commentaries», in *Muslim and Christian Reflections on Peace: Divine and Human Dimensions*, 32–50. Lanham, Md: University Press of America, p. 47.

3. Reynolds, Gabriel Said, 2009, «The Muslim Jesus: Dead or Alive?» *Bulletin of the School of Oriental and African Studies, University of London* 72 (2), p. 240.

una narrativa en la que encajar su interpretación. Sin embargo, la teoría de la sustitución es muy popular entre musulmanes.

Alguien que no esté familiarizado con el lenguaje del Corán podría sorprenderse de esta ambigüedad, pero quien lo conoce sabe que la belleza y ritmo del lenguaje –en árabe– son más importantes que el significado preciso, que con frecuencia resulta poco definido. En este caso, al no existir otras fuentes que mencionen ese verso, el significado debería captarse por las mismas palabras y su contexto. Y eso es lo que vamos a tratar de hacer ahora.

Leer el pasaje en su contexto inmediato

La propuesta de intentar aclarar el significado de un verso confuso a través del estudio del contexto podría sonar ingenuamente obvia. Sin embargo, el proceso de la exégesis coránica clásica era el opuesto: aislar cada aleya y estudiarla independientemente. El mismo Reynolds se lamenta de que muchos académicos hasta ahora han seguido esa tradición con respecto Q 4:157. También insiste en leer esta aleya a la luz de las anteriores, lo que le lleva a afirmar que «el Corán está usando la crucifixión como un ejemplo de infidelidad de Israel» y concluye que «si Jesús murió o no, simplemente no es el asunto debatido»[4]. En ese artículo, Reynolds no pretende dar una interpretación completa del texto. Aquí, en cambio, sí nos proponemos explicar lo que el texto quiere decir de acuerdo con el párrafo en que está insertado, naturalmente, sin forzar el sentido de las palabras.

Con ese fin, nos centraremos primero en entender la intención general de la sección y en un segundo momento discutir el significado del verso.

4. Ibid., pp. 251-252.

El texto está hablando de los cuidados de Dios con el pueblo de Israel y termina esa parte positiva diciendo: «*y tomamos de ellos un solemne compromiso*» (Q 4:154). A continuación, cambia el tono y dice:

> *Y de este modo, <u>por haber</u> quebrantado su compromiso <u>y por</u> ignorar intencionadamente los signos de Dios y rechazar Sus Revelaciones, <u>por haber</u> matado a algunos Profetas contra todo derecho y <u>por haber</u> dicho: «Nuestros corazones se han endurecido». ¡No! Más bien, Dios ha ubicado un sello en sus corazones por su incredulidad persistente por lo que, salvo unos pocos, apenas si creen* (Q 4:155).
> *<u>Y por</u> su incredulidad <u>y por</u> haber proferido contra María una enorme calumnia* (Q 4:156).

Como se ve, es una serie de seis acusaciones introducidas por las expresiones subrayadas, prácticamente idénticas, que abren la expectativa de una acción de Dios como respuesta, pero que se hace esperar.

Después vienen las tres aleyas que se refieren a Jesús (157-159), que forman una digresión y que saltamos de momento. A continuación, el texto retoma la misma actitud y tensión hacia una conclusión, que llegará al final de la n. 161:

> *Por lo tanto, a causa de la injusticia cometida por los judíos, les prohibimos numerosas cosas saludables y buenas que les habían sido permitidas, así como con motivo de haber obstaculizado a muchos el camino de Dios* (Q 4:160).
> *<u>Y por</u> cobrar intereses, a pesar de que les ha sido prohibido, <u>y por</u> consumir la riqueza de la gente de un modo ilegítimo. Hemos preparado para los incrédulos de entre ellos un castigo doloroso* (Q 4:161).

Con las nuevas acusaciones que añaden estas dos aleyas termina el efecto acumulativo y se resuelve con la amenaza del castigo de Dios. Sin embargo, el Corán suele equilibrar las advertencias de castigos con promesas de premios para quienes son fieles, y esto es lo que vemos en la siguiente aleya, con la que termina la unidad de significado:

> *Mas <u>quienes de entre ellos</u> se encuentren firmemente afianzados en el Conocimiento, y los creyentes que creen en lo que ha sido hecho descender sobre ti y lo que descendió antes de ti; y especialmente aquellos que llevan a cabo la Oración conforme a sus condiciones, aquellos que pagan la Limosna Prescrita Purificadora y los creyentes en Dios y en el Día del Juicio Final, a ellos les concederemos una tremenda recompensa* (Q 4:162).

En conjunto, la intención de esta parte del Corán es amenazar con la pena reservada a quienes entre los judíos han sido transgresores y, en contraste, asegurar una recompensa a aquellos entre ellos que son creyentes y fieles. Este balance es quizá una de las ideas más iterativas en el Corán, a veces enfocado a los oyentes en general y otras, como aquí, aplicado a un grupo específico.

En este párrafo se insertan las tres aleyas que nos interesan y, por consiguiente, su finalidad ha de encajar en el conjunto. Con estas ideas en mente volvemos a esos tres versos centrales:

> *<u>Y por haber</u> dicho: «Hemos matado al Mesías, Jesús, hijo de María, el Mensajero de Dios» —mientras que no fue así, pues no le mataron ni le crucificaron sino que el asunto les pareció dudoso. Los que discrepan sobre este asunto y sobre Jesús, se hallan en verdad confundidos. No poseen un conocimiento firme al respecto, siguen meras conjeturas. Y con toda certeza, no le mataron* (Q 4:157).
> *Sino que Dios le elevó hacia Sí. Dios es Glorioso poseedor de irresistible poder, Omnisapiente* (Q 4:158).
> *A pesar de ello, no hay nadie entre la Gente del Libro que antes de su muerte no llegue a creer en él; y en el Día de la Resurrección, él dará testimonio contra ellos* (Q 4:159).

El inicio de la aleya 157 está en continuidad con las repetidas expresiones anteriores que introducen las acusaciones: *«por haber…»*. Si antes, en la 155, se incluía una acusación de *«haber matado a algunos profetas»*, ahora es la arrogancia de *«haber dicho… hemos matado al Mesías»*. Presumir así es considerarse más poderosos que Dios mismo, por acabar con *«el Mensajero de Dios»*. Pero el Corán estima esa jactancia vacía, pues mantiene que, en realidad, los judíos no lo mataron, dejando en suspenso qué pasó en realidad. Pero veamos ahora cómo entender algunas partes de Q 4:157.

Tres cuestiones gramaticales

a) Voz activa de: *no le mataron ni le crucificaron*

Un punto crítico en esta frase es que está en voz activa, no pasiva. Si fuera pasiva, diría *no fue matado*, o *no fue crucificado* y así refutaría el hecho mismo de su muerte, mientras la forma activa sólo niega que lo hicieran los judíos. El Corán, por tanto, no niega que Jesús muriera, sólo acusa a los judíos de jactarse de algo que no hicieron.

Desde el punto de vista histórico, la ley judía no prevé la ejecución por crucifixión. La pena capital habitual era la lapidación, aunque en unos pocos casos la condena podía ser la hoguera (ej. Lv 20:14; 21:9) y en otros pasajes de la Biblia hay casos puntuales de decapitación y horca, pero nunca crucifixión. Por eso, un tribunal judío no podría haber dictado una sentencia de muerte por crucifixión sin violar la ley. Eso resulta coherente con que, en el Corán, los judíos se enorgullecen de haber matado al Mesías, pero no dicen que lo hayan crucificado.

A diferencia de los judíos, los romanos usaban la crucifixión con frecuencia. Cabe preguntarse entonces, ¿por qué la aleya no menciona a los romanos? El Corán dice bastante sobre Jesús y de los judíos contemporáneos, pero ni una palabra sobre los romanos: no aparecen en el texto. Cuando se menciona a Jesús hablando a la gente, siempre se dirige a los judíos, nunca a otros. La Sura 30, titulada *Los bizantinos*, a veces se traduce por *Los romanos*, porque la palabra en árabe es *al-rum*, derivada de la costumbre de llamar a Constantinopla –Bizancio– *la segunda Roma*. Pero el título responde a una sola mención en la Sura, que se refiere a una batalla en tiempos de Mahoma, seis siglos después de Jesús, cuando el antiguo imperio romano pagano se había transformado en el centro de la cristiandad.

En resumen, esa aleya niega que los judíos fueran los autores de la crucifixión de Jesús, pero hasta aquí no da una respuesta de quién lo mató.

b) Pero él / eso *shubbiha* para ellos

La breve expresión siguiente, *wa-laken shubbiha la-hum* es la principal causa de las leyendas de substitución, por un error de compresión del texto. La traducción que usamos dice: *sino que el asunto les pareció dudoso*, y es bastante fiel al significado real y por ello se aleja de la teoría de la sustitución. Pero veamos más en concreto dónde surge el problema.

Wa-laken es una adversativa que se suele traducir por "pero", "sin embargo", "aunque", etc., y *la-hum* es "para ellos", así que la carga del significado descansa sobre el verbo, *shubbiha*, que está en pasiva y con un sujeto ausente pero que ha de ser "él", y puede ser personal o impersonal. La raíz *sh-b-h* en la primera conjugación verbal significa ser semejante o parecerse, dando pie a interpretar que otro "parecido" a Jesús fue confundido con él. Sin embargo, la forma *shubbiha* es de la segunda conjugación, caracterizada por reduplicar la segunda letra de la raíz, "b". En árabe –como en otras lenguas semíticas– las raíces suelen tener tres consonantes y pueden seguir varios patrones o conjugaciones, con cambio de significado. Una determinada raíz puede usarse en más de una conjugación no siempre con igual frecuencia. En nuestro caso, *sh-b-h* se usa mucho en la primera conjugación y por eso puede venir a la mente el significado de "parecido", porque es el más usado con esa raíz. Pero en la segunda conjugación cambia el significado y es muy poco frecuente. De hecho, con esa forma no aparece en ningún otro lugar del Corán, y en todo el cuerpo de la Sunna, la misma palabra aparece en dos ocasiones[5]. En esos pocos casos, tiene el significado inequívoco de una duda sobre cuál es la forma de actuar correcta, que podríamos traducir como «fue o era [moralmente] dudoso»[6].

La traducción de las palabras que siguen, «los que discrepan sobre este asunto», suele omitir la conjunción que las une con lo anterior, que en árabe suena *wa-inna* y significa «y de hecho». Esa conjunción se alinea bien con entender *shubbiha lahum* como «era [moralmente] dudoso para ellos» pues el texto posterior profundiza en varios aspectos relacionados con la misma duda. Esa duda parece referirse al alcance de la responsabilidad de los judíos en la crucifixión:

Pero era [moralmente] dudoso para ellos. De hecho, los que discrepan sobre este asunto, se hallan en verdad confundidos. No poseen un conocimiento firme al respecto, siguen meras conjeturas.

El trasfondo de estas frases lo encontramos en este párrafo de la *Sirat Rasul Allah*, donde relata un encuentro de Mahoma con una delegación de cristianos de Nasjran:

---

5. Concretamente, aparece en estos dos textos: Ṣaḥīḥ Muslim 941a y Ṣaḥīḥ al-Buḫārī 2051.

6. Cf. Paniello, "The Reality of Jesus' Death in Q 4:157", pp. 251-253.

Luego les dice [a los cristianos] —refutando lo que afirman de los judíos con respecto a su crucifixión— cómo lo elevó y lo purificó de ellos [los judíos] y dice: «Cuando Dios dijo: "Oh Jesús, estoy a punto de hacerte morir y exaltarte a Mí y purificarte de aquellos que no creen"» [Q 3:55] (p. 276).

Desde muy pronto, los cristianos, basándose en los evangelios, acusaban a los judíos de haber crucificado a Jesús de forma injusta. Los judíos, a su vez, declaran en el Talmud que fue ejecutado de forma legal por hechicero y por conducir a Israel a la apostasía[7]. La *Sirah* se hace eco de la polémica en la parte que hemos subrayado, y con la cita de Q 3:55 afirma que la solución está en que la muerte de Jesús fue decretada por Dios. Esta última afirmación, como veremos, aporta una clave importante para comprender el verso completo.

c) *yaqīnan* [con certeza]

Las últimas palabras del verso en árabe suenan: *wa-mā qatalūhu yaqīnan*. La traducción que estamos siguiendo dice «y con toda certeza, no le mataron». Pero hay dos razones gramaticales para considerar como más preciso «y no lo mataron con certeza»[8]. Una de las razones es que la conjunción *wa* no es adversativa, por lo que las palabras que la siguen deben estar en línea con la discusión precedente sobre las dudas, y no lo está si se traduce con énfasis en que no lo mataron. La segunda razón, y más importante, es que *yaqīnan* está al final, y por eso se refiere a cómo lo mataron no al hecho de si lo mataron o no; para que el significado fuera «y con

---

7. The Babylonian Talmud: *Sanhedrin*, 43a.

8. Mientras preparaba este artículo, pregunté a la profesora que dirige el departamento de árabe del Instituto Polis, donde trabajo, por esta frase. Me dijo sin dudar un instante que el significado es «no lo mataron con certeza».

toda certeza, no lo mataron», el orden natural sería: *wa-yaqīnan mā qatalūhu*[9].

Con este significado, también el verso siguiente encaja. En la traducción que usamos dice «*Sino que Dios le elevó hacia Sí. Dios es Glorioso poseedor de irresistible poder, Omnisapiente*» (Q 4:158), aunque la primera palabra (traducida: *sino que*) en realidad no es necesariamente adversativa, más bien suele tener el papel de nexo como "y" o "en efecto". En cualquier caso, no dice que esa ascensión fuera antes de morir y es compatible con la muerte y resurrección. Subraya que Dios es poderoso y sabio, contrastando su poder con la arrogancia de los judíos y su sabiduría con la incapacidad de juzgar de los que discuten. Y sabiéndolo, Dios lo nombrará testigo contra ellos: «*en el Día de la Resurrección, él dará testimonio contra ellos*» (Q 4:159). Con la mención del juicio final termina la perífrasis que se refiere a Jesús y el Corán vuelve al tema principal de las acusaciones contra los judíos.

La traducción de la aleya 157, entonces, quedaría:

Y por haber dicho: «Hemos matado al Mesías, Jesús, hijo de María, el Mensajero de Dios». Y no le mataron [los judíos] ni le crucificaron [Dios tomó su alma], pero era moralmente dudoso para ellos. De hecho, los que discrepan sobre este asunto, se hallan en verdad confundidos. No poseen un conocimiento firme al respecto, siguen meras conjeturas, y no lo mataron con certeza (Q 4:157).

Nos hemos permitido también suprimir la perífrasis de «*mientras que no fue así, pues no le mataron…*», recuperando la literalidad del original «*Y no le mataron…*».

Por tanto, el único verso del Corán que supuestamente niega la crucifixión y muerte de Jesús, en realidad sólo niega que la

---

9. Cfr. Paniello, «The Reality of Jesus' Death in Q 4:157», p. 257.

realizaran los judíos involucrados, y en la polémica reflejada en la *Sirah* parece dar la solución en que Dios fue el verdadero causante de su muerte, que tiene un reflejo en el verso siguiente afirmando que Dios lo elevó a Él.

El significado de la Aleya 4:157 y el resto del Corán

La idea de que Dios provoca la muerte de alguien tiene raíces profundas en el Corán. Diversas aleyas insisten en que es el único que puede hacerlo, como, por ejemplo aquí:

Cuando Abraham dijo: «Mi Señor es Aquel Quien da la vida y causa la muerte», él respondió: «Yo doy la vida y causo la muerte» (Q 2:258). A Él Le pertenece la soberanía de los Cielos y de la Tierra. Él da la vida y causa la muerte. Posee pleno poder sobre todas las cosas (Q 57:2).

Al repasar otros versos del Corán, encontramos uno con un punto de vista distinto, que ayuda a comprender que Q 4:157 no niega la muerte de Jesús. Se trata de Q 8:17:

Vosotros no los matasteis, sino que Dios los mató. Y cuando tú, arrojabas, no fuiste tú quien arrojó, sino que fue Dios Aquel Quien lo hizo.

El texto se refiere a la batalla de Badr, la primera victoria de Mahoma y sus seguidores. Aquí, el traductor añade esta explicación: «Es decir, "si no hubiese sido por el plan de Dios y Su ayuda no habríais podido matarlos ni resultar victoriosos en la guerra". Esto es una advertencia para aquellos que con orgullo creyeron que se habían hecho con la victoria en la guerra por su valor y su habilidad». Al leer la negación «vosotros no los matasteis» seguida de la afirmación «sino que Dios los mató», se entiende que no niega que los soldados de Mahoma mataran a sus enemigos, sino que cumplieron un designio divino, y que, por ese motivo, han de evitar toda arrogancia sobre ese hecho.

Si tomamos el hilo principal de los dos versos sobre la crucifixión, vemos algo semejante:

> «...*pero [los judíos] no le mataron ni le crucificaron* (...discusión sobre la licitud...) *Dios le elevó hacia Sí*» (Q 4:157-158).

El orgullo de los judíos que sostienen haber matado al enviado de Dios, se reprende afirmando que fue acción de Dios, lo mismo que el peligro de arrogancia de los vencedores en Badr se supera atribuyendo a Dios sus acciones y la misma victoria. Se confirma así que el Corán no niega que Jesús fuera crucificado y muriera, sólo afirma que sucedió por el poder de Dios.

Otros tres versos del Corán apoyan que la muerte de Jesús fue real. Empezamos con la sura *Maryam*, donde encontramos esta afirmación:

> «*La paz sea sobre mí en el día en que nací, el día de mi muerte y el día en que seré resucitado*». *Ese era Jesús, el hijo de María, en palabras de la verdad sobre la cual han dudado* (Q 19:33-34).

La frase sobre tres momentos de la vida de Jesús resuena con otra que se aplica, en tercera persona, a Juan, hijo de Zacarías, sólo unos pocos versos antes con las mismas palabras:

> *La paz sea sobre él el día en que nació, el día de su muerte y el día en que será resucitado* (Q 19:15).

Si Juan murió, ¿cómo no aceptar también la muerte de Jesús según el Corán? Los verbos empleados en ambos casos se refieren a la muerte sin lugar a dudas. Entonces, las interpretaciones de Q 4:157 que niegan la muerte de Jesús, necesitan una explicación para dar sentido a Q 19:33. La narrativa más común para salir al paso de la aparente contradicción es que *Isa*, el Jesús del Corán, fue llevado al paraíso antes de morir y actualmente está vivo, con una vida humana, en el paraíso. Después, se dice que vendrá de nuevo cerca del fin del mundo. Entonces, terminará sus años y morirá, y después será devuelto a la vida en la resurrección de los muertos del último día. Esta versión de la segunda venida de *Isa*, con su vida natural, y su muerte, está totalmente ausente del Corán y de la Sunna, pero es muy popular en la cultura Sunní.

Naturalmente, si la interpretación de Q 4:157 no contradice la muerte sino que la afirma como decreto de Dios, no habría necesidad de esta leyenda, que proviene de tiempos posteriores a Mahoma.

En Q 19:33 se habla de la muerte de Jesús como de algo futuro, lo que resulta cómodo para quien afirma que Jesús no murió. Pero no es así en las otras dos aleyas. En efecto, en el segundo texto que menciona su muerte ésta parece inminente y es el que hemos encontrado citado en la *Sirah*:

Cuando Dios dijo: «Jesús, <u>voy a hacerte regresar</u> y elevarte hacia Mí y te voy a purificar de los incrédulos, y situaré a tus seguidores por encima de los incrédulos hasta el Día de la Resurrección» (Q 3:55).

Donde la traducción que tomamos de referencia dice «*voy a hacerte regresar*», el verbo árabe que se emplea es *tawaffa*, que tiene el significado de tomar el alma separándola del cuerpo para producir la muerte. El mismo verbo se usa también en la otra aleya relacionada con la muerte de Jesús, Q 5:117. En esta última, Jesús está hablando a Dios en la otra vida:

Fui testigo mientras permanecía entre ellos. Cuando <u>me hiciste regresar ante Ti</u>, Tú eras Quien les observaba (Q 5:117).

Cuando dice «*me hiciste regresar ante Ti*», está traduciendo el mismo verbo, *tawaffa*. En ambos casos, se está refiriendo al final de la vida de Jesús con el mismo verbo. Sin embargo, la traducción evita mencionar la muerte, a pesar de que el significado propio de *tawaffa* lo requeriría, y la omisión tiene la intención de no contradecir la interpretación de Q 4:157 que niega la muerte.

Para salir de dudas sobre el significado de ese verbo habría que tomar todas las ocasiones que el Corán la emplea. Eso es lo que hace un experto del Corán, Reynolds, y concluye: «*Tawaffā* aparece en veinticinco pasajes del Corán, y dos de ellos en relación con Jesús (aquí [Q 5:117] y en Q 3:55). En veintitrés de esos pasajes los comentaristas musulmanes generalmente siguen la definición estándar de este término, es decir, el acto de Dios de separar el alma del cuerpo, haciendo que uno muera. (…) En los dos versos en que *tawaffā* se aplica a Jesús, sin embargo, los exegetas musulmanes generalmente buscan un significado secundario del término. Así, reconcilian estos dos versos con la doctrina de que Jesús escapó de la muerte»[10].

Por dar algún otro ejemplo del uso del verbo, sirva esta frase:

Aquellos de vosotros que pueden <u>morir</u> dejando tras de sí a sus esposas, deben hacer testamento en su favor por un año de manutención sin verse expulsadas (Q 2:240).

Es claro que aquí *tawaffā* significa morir.

Cuando el *tafsir* tradicional solo evita el significado relacionado con la muerte para las dos aleyas que se refieren a Jesús, parece revertir un principio básico de la exégesis: explicar los pasajes oscuros con los claros. Q 5:117 y Q 3:55 se interpretan a la luz de Q 4:157, una aleya ambigua. Es más razonable hacer al revés, las

---

10. Reynolds, «The Muslim Jesus: Dead or Alive?», pp. 239-240.

aleyas que mencionan la muerte de Jesús deben ser la luz para entender Q 4:157. Si se hace así, el resto del Corán acepta la muerte de Jesús y esto confirma el significado que hemos deducido para la aleya en cuestión.

Conclusión sobre la Muerte de Jesús en el Corán

La interpretación que hemos propuesto aquí se basa sólo en el significado de las palabras y el contexto inmediato de la aleya, y encaja con el resto del Corán mejor que las que niegan la muerte de Jesús.

En resumen, Q 4:157-158 está acusando a los judíos de arrogarse la muerte de Jesús, cuando ellos no siguieron más que un decreto de Dios. Si su acción fue moralmente reprobable o fue una ejecución tras una sentencia legal, es un asunto discutido, pero sucedió como Dios lo había dispuesto.

Este significado concuerda con las noticias que tenemos de la muerte de Jesús y la evidencia histórica de este evento es tan abundante que se acepta universalmente, incluso por quienes no tienen fe y ven en Jesús simplemente un hombre. Por este motivo, no afecta a la fe de un Musulmán que considera a Jesús como un profeta importante, pero no más que un hombre.

Que la crucifixión se haya problematizado así es a primera vista sorprendente, pues, salvo una interpretación particular de una sola aleya confusa, ni el Corán ni la Sunna la niegan. Únicamente la tradición cultural, más que religiosa, induce a pensar así. La negación no tiene base en principios islámicos, sino que se apoya en leyendas extra-coránicas, que han sido adoptadas como islámicas en un segundo momento.

¿Por qué, entonces, está tan extendida esta teoría en el mundo islámico? Quizá lo que explica su difusión es que esa interpretación tiene su origen en ambientes polémicos, donde los argumentos se extrapolan y se absolutizan.

Precisamente, uno de los primeros textos que se conocen que interpretan esa aleya como negación de la crucifixión es de un cristiano, san Juan Damasceno, que, con actitud polémica, quiere desautorizar el Corán. Para eso, toma la negación como prueba de que contiene falsedades evidentes. Los musulmanes se defendieron negando el relato evangélico. Poco a poco, arraigó en la enseñanza musulmana hasta llegar a considerarse como un rasgo más de la fe islámica, que, aunque está ausente en las fuentes originarias, cumple la función de crear una profunda distancia respecto a las creencias cristianas.

Sin embargo, ni la negación pertenece a la fe del islam, ni la afirmación de la crucifixión depende solo de los Evangelios, pues tiene una base histórica mucho más amplia. Por eso, vamos a ver ahora en qué se apoya la historicidad de la muerte de Jesús.

La historicidad de la muerte de Jesús

En primer lugar, tenemos los **escritos cristianos**. Entre ellos, los cuatro evangelios no sólo nos cuentan su muerte como un hecho más, sino que la historia narrada va llevando al clímax de su muerte, que se resuelve en la resurrección. Los cuatro explican en detalle cómo sucedió. Después, los apóstoles se convirtieron en testigos de su vida, muerte y especialmente resurrección, hasta el punto de que dieron su vida por defender ese testimonio: nadie muere por algo en lo que no cree profundamente.

Los evangelios fueron redactados por testigos oculares –o a partir de testimonios suyos, en el caso de Lucas– poco tiempo después de los hechos narrados, y son sustancialmente compatibles, con diferencias de apreciación o de enfoque. Ningún texto de la antigüedad es más cercano a los hechos narrados que los evangelios. También el resto de los libros del Nuevo Testamento se refieren a la crucifixión como dato indiscutible, a veces subrayando que las razones resultan incomprensibles para otros, «*pues los judíos exigen signos, lo griegos buscan sabiduría; pero nosotros predicamos a Cristo crucificado: escándalo para los judíos, necedad para los gentiles*» (1 Cor 1:22-23). Defender la crucifixión de Jesús generaba rechazo entre los oyentes, lo que hacía más difícil, a primera vista, la transmisión de la fe, por lo que debían estar muy convencidos para hacerlo.

Además, hay una vasta literatura cristiana desde tiempos muy antiguos que confirma los hechos. En tiempos de Mahoma, los documentos escritos en diferentes lenguas que estaban de acuerdo en este punto se podrían contar por millones. La cantidad de información es masiva.

Por contrapartida, hay unos pocos escritos gnósticos, de lenguaje cristiano aunque desviados de la fe, que niegan a su modo la crucifixión. Son escritos que proponían la salvación a través de la *gnosis*, un conocimiento oculto, supuestamente superior, al que sólo los iniciados podrían acceder. No tienen la pretensión de narrar hechos históricos, pero son el único apoyo de quien defiende la teoría de la sustitución. Fueron escritos dos o tres siglos después de la vida de Jesús y relatan historias que contradicen hechos conocidos como históricos –no sólo el que estudiamos ahora– para manifestar unos supuestos saberes ocultos.

Quizá uno de los más conocidos entre los que niegan la crucifixión sea un texto publicado por primera vez en el siglo XVII llamado *El Evangelio de Bernabé*. Se hizo famoso en ámbito islámico precisamente por sostener la negación de la muerte de Jesús. El estilo es evasivo y, además, la autenticidad está en entredicho por estar fechado entre los siglos XIII y XV y porque muchas de sus enseñanzas son sincrónicas con las del Corán y se oponen a la Biblia, especialmente al Nuevo Testamento. La primera mención que se conoce es de 1634.

Ningún historiador basaría una investigación en ese tipo de textos, pues es claro que no trataban de transmitir hechos históricos.

Escritos de historiadores paganos

Si los gnósticos no pretendían transmitir hechos históricos, los historiadores antiguos sí. Eso es lo que pretendían hacer. El hecho en sí de la muerte de Jesús no fue tan importante para el imperio como para ser recogido en las crónicas oficiales. Y, aun así, debido a la continuidad que tuvo a través de los cristianos, se encuentran varias menciones, todas ellas congruentes, de las que aquí sólo me referiré a las dos más significativas.

La primera está recogida en un libro de **Flavio Josefo**, *Antiguedades Judías* (18, 3, 3), escrito alrededor del año 93. Josefo, judío, después de haber luchado contra los romanos, consiguió ser perdonado y se convirtió en historiador y narrador de las gestas romanas. En una sección dedicada a Pilatos, encontramos este párrafo:

Por este tiempo apareció Jesús, un hombre sabio si es que es correcto llamarlo hombre, ya que fue un hacedor de milagros impactantes, un maestro para los hombres que reciben la verdad con gozo, y atrajo hacia Él a muchos judíos y también a muchos gentiles. Era el Cristo. Y cuando Pilato, frente a la denuncia de aquellos que son los principales entre nosotros, lo condenó al madero (de tormento), aquellos que lo habían amado primero no le abandonaron ya que se les apareció vivo nuevamente al tercer día, habiendo predicho esto y otras tantas maravillas sobre Él los santos profetas. La tribu de los cristianos, llamados así por causa de Él, no ha cesado de crecer hasta este día.

La copia del original griego más Antigua que se conserva actualmente es del siglo XI y algunos especialistas sospechan que podría contener interpolaciones escritas por un copista cristiano. No concuerdan en cómo sería el texto original, pero casi nadie niega que había un párrafo con esta idea en el escrito de Flavio Josefo, que sin duda incluía la muerte de Jesús.

Una buena ayuda para calibrar cómo pudo ser el original viene de algunas traducciones y comentarios. Para simplificar, reproduciré sólo un texto tomado de un libro en árabe escrito por Agapoi, obispo de Hierapolis, con el título *Historia Universal*, del siglo X:

Josefo relata que en ese tiempo había un hombre sabio llamado Jesús. Su conducta era buena y era famoso por su virtud. Y muchos de entre los hebreos y de otras naciones se hicieron sus discípulos. Pilatos lo condenó a ser crucificado y a morir. Pero aquellos que se habían convertido en sus discípulos no abandonaron su discipulado. Ellos relataron que se les apareció tres días después de su crucifixión y que estaba vivo; quizás por esto, él era el Mesías, de quien los profetas contaron maravillas.

Las afirmaciones más categóricas del precedente toman aquí la forma condicional, lo cual parece más acorde con lo que el historiador judío se proponía transmitir a los romanos.

En cualquier caso, la muerte de Jesús decretada y ejecutada por Pilato cuando éste era Prefecto de la provincia de Judea, era para Flavio Josefo un dato bien conocido.

El segundo texto es de **Tacito**, en *Anales* XV, 44, escrito hacia el año 115. Está describiendo el incendio de Roma en el año 64, que duró una semana y destruyó una parte importante de la ciudad, y cuenta que se corrió el rumor de que había sido obra del emperador, Nerón. Éste, según Tácito, para desviar la atención, echó la responsabilidad sobre los cristianos:

Para deshacerse de la acusación, Nerón achacó la culpa e infligió las más exquisitas torturas a una clase odiada por sus abominaciones,

<u>llamada cristiana por el populacho</u>. "Cristo", de quien el nombre tiene su origen, sufrió la pena capital durante el reinado de Tiberio a manos de uno de nuestros procuradores, Poncio Pilato, y esa maliciosa superstición, controlada así por el momento, estalló nuevamente no solo en Judea, la primera fuente del mal, sino incluso en Roma (…) Una inmensa multitud fue condenada, no tanto por el delito de incendiar la ciudad, cuanto por el de odio a la humanidad (…) Nerón ofreció sus jardines para el espectáculo y organizó una exhibición en el circo, mientras se mezclaba con la gente vestido de auriga o puesto en pie en lo alto de un carro. De ahí que incluso para los criminales que merecían un castigo extremo y ejemplar, surgía un sentimiento de compasión; porque no era, como parecía, por el bien público, sino para saciar la crueldad de un hombre, que estaban siendo destruidos.

Es claro que Tácito no era favorable a los cristianos, y también que carecía de un conocimiento de primera mano, pues no los acusa de nada en particular. Por tanto, la breve mención del origen del cristianismo se puede considerar una fuente totalmente independiente que confirma a la letra la historicidad de los Evangelios. Al mismo tiempo, informa de una presencia cristiana significativa en Roma en el año 64, y que una "inmensa multitud" de ellos perecieron a manos de Nerón.

Testimonios arqueológicos

La muerte de Jesús en sí no dejó huellas que la arqueología pudiera encontrar siglos después. Sin embargo, se sabe que los cristianos de Jerusalén y pronto otros venidos de fuera comenzaron a visitar el calvario y la tumba vacía desde el día en que Jesús resucitó. A las autoridades romanas les desconcertaba y molestaba esa afluencia de visitantes y Adriano, al refundar Jerusalén como Helia Capitolina en el siglo segundo, hizo cubrir la zona y construir un templo a Afrodita, con la misma intención que construyó uno a Júpiter sobre el lugar donde se había edificado el Templo de los judíos. Doscientos años después, el emperador Constantino destruyó el templo a Afrodita, desenterró el calvario y la tumba y construyó la primera basílica conmemorando la muerte y resurrección de Jesús. A través de las vicisitudes de la historia, esos lugares santos han llegado hasta nosotros.

Otro testimonio más colateral fue encontrado en Roma, en la colina del Palatino. Se trata de dos *graffiti* relacionados con un tal **Alexameno**, desenterrados en 1857 en un edificio que sirvió como escuela para pajes en época imperial. En uno de ellos, grabado sobre yeso, se distingue un hombre crucificado con cabeza de burro, mientras otro levanta la mano en posición orante. Debajo una inscripción dice: «Alexameno adorando a Dios». Parece claro que eran niños burlándose del cristiano Alexameno. En otra habitación cercana se encontró otra inscripción contemporánea que dice: «Alexameno es fiel». Ambos *graffiti* se conservan en el Museo Palatino y están datados alrededor del año 200.

Los Apóstoles murieron como testigos de la muerte y resurrección de Jesús, una "inmensa multitud" moría en Roma en el año 64, un niño sufría en el año 200 las burlas de sus compañeros, todo esto no tendría ningún sentido si la crucifixión y muerte de Jesús no fuera un hecho conocido por todos.

El último testimonio colateral que presentamos aquí es una **placa de mármol encontrada en Nazaret** en el siglo XIX. Es menos conocido, pues no menciona a Jesús.

Se trata de un bloque de 60 cm x 37.5, escrito en griego, la lengua franca de la zona en el siglo I, datada en los años 30-40. Se encontró en 1878 durante unas obras de reforma de una casa y se conserva en París, en el museo *Cabinet des Medailles.*

El texto contiene una ordenanza romana. No se ha encontrado nada similar en Nazaret, que en ese momento era una aldea insignificante de pocos cientos de habitantes. Las regulaciones que se querían hacer llegar a localidades pequeñas se transmitían oralmente, y a otras más grandes, por escrito. Sólo en casos extraordinarios y para ciudades principales se grababan en piedra, entre otras razones porque resultaba caro. Si lo hicieron con este decreto tuvo que ser porque lo veían importante relacionado con Nazaret.

¿Qué dice esta ordenanza? Aquí exponemos la traducción indicando las partes ilegibles entre corchetes:

«Es bien sabido que los sepulcros y las tumbas [...] deben mantenerse permanentemente intactos para siempre. Si alguien es condenado por haber destruido, exhumado el cuerpo, <u>transportado el cuerpo a otros lugares</u> [...], mando que se le juzgue [...] Entonces, en primer lugar, es necesario honrar a los muertos, <u>a nadie se le permite cambiarlos de lugar</u>, si no quiere sufrir la pena capital».

Entre las acciones prohibidas sólo se repite la de mover los cuerpos de lugar, lo cual parece indicar que era la causante de tal advertencia, no la prohibición general de la profanación de tumbas. Sólo cabe una explicación de por qué grabar esta amonestación en piedra: alguien relacionado con Nazaret había intervenido en el movimiento de un cuerpo y se le quería amenazar de un modo palpable, para que no hubiera lugar a dudas.

No es difícil imaginar las circunstancias. Los evangelios cuentan que los guardias de la tumba de Jesús, convenientemente sobornados, habían difundido la noticia de que alguien había robado el cuerpo que yacía en la tumba. El rumor se difundió y creció el número de cristianos hasta empezar a ser una preocupación para las autoridades. Hay que tener en cuenta que Galilea había sido cuna de levantamientos contra los romanos, y temían que volviera a suceder. Por ese motivo, y considerando que el crucificado era conocido como Jesús de Nazaret, según se leía en el título sobre la cruz en tres idiomas, decidieron enviar a Nazaret una advertencia de que robar un cadáver era una cuestión seria para la que estaba reservada la pena capital. Sólo esta explicación tiene sentido, a la vez que confirma la narración evangélica.

Conclusión global acerca de la muerte de Jesús

Podemos resumir la información acerca de la tradición islámica que niega que Jesús murió en la cruz en dos áreas diversas:

a. Lo que dicen el Corán y la Sunna

- Q 4:157 afirma que los judíos no mataron a Jesús. Leyéndolo como un verso suelto, se podría sacar la impresión de que Jesús no murió ni fue crucificado. Sin embargo, en su contexto, acusa a los judíos de decir que lo mataron, y se hace eco de la polémica con los cristianos sobre su responsabilidad.

- El verso siguiente, Q 4:158, afirma que Dios es quien lo elevó a sí (causó su muerte), pues Él es el único «que da la vida y causa la muerte» (Q 2:258).

- El Corán habla de la muerte de Jesús en otras tres suras.

- No hay un solo hadiz en la Sunna que explique la aleya en cuestión ni que niegue la muerte de Jesús.

- En tiempos de Mahoma, no consta que nadie negara la crucifixión y muerte de Jesús.

- Los comentarios de Q 4:157 negando su muerte se desarrollaron en un contexto polémico, tanto por cristianos como por musulmanes, más de un siglo después de la muerte de Mahoma.
- Las interpretaciones más populares añaden legendas que no tienen origen en Mahoma y que afirman que otro fue crucificado porque Dios puso en él la apariencia de Jesús. Así, hacen responsable a Dios de un engaño de seis siglos.
- Hay otras interpretaciones de escritores musulmanes que aceptan la muerte de Jesús como un hecho real, por tanto, la negación de su crucifixión y muerte no forma parte de la fe islámica.
- La fe musulmana en que Jesús era un profeta no se ve alterada por aceptar la muerte, resurrección y ascensión al paraíso por decreto divino.

b. Argumentos extra-coránicos
- Se conservan una gran cantidad de textos escritos cerca de los eventos que afirman que Jesús murió en la Cruz. Algunos son de testigos oculares que lo conocieron personalmente y no podían ser engañados, como Juan, que escribió el cuarto evangelio y estaba presente, y la propia madre de Jesús.
- Muchos discípulos de Jesús dieron su vida porque predicaban que Jesús fue crucificado, murió y resucitó. Y no arriesgarían su vida si no estuvieran convencidos de la verdad de lo que decían.
- El número de escritos cristianos antiguos que hablan del sentido de la muerte de Jesús en la cruz es incalculable.
- Algunos de los escritores paganos del primer siglo mencionan la crucifixión de Jesús como un hecho conocido y hay elementos arqueológicos que lo confirman.

– La Muerte de Jesús es considerada incluso entre no creyentes como el hecho más documentado de su existencia histórica.

La evidencia histórica es tan abundante que no es razonable negarla por anteponer una interpretación singular de una aleya poco clara, que no todos los musulmanes comparten. Si Mahoma hubiera entendido que ese verso del Corán refutaba la muerte de Jesús, sería tan extraordinario que tendríamos testimonios sobre este punto en la Sunna, pero no los hay.

Parece que la mente del profeta sobre Q 4:157 consiste en acusar a algunos Judíos de su arrogancia en decir que mataron a Jesús y corregirla afirmando que sólo Dios da la vida y causa la muerte, sin negar que ellos puedan tener una responsabilidad.

2

La Biblia ha sido alterada

El Corán enseña que la Torá y el Evangelio fueron enviados por Dios a judíos y cristianos respectivamente para servirles de guía, pero muy pocos musulmanes los conocen y la mayoría los consideran libros prohibidos. ¿Por qué prohibir los libros que viene de Dios? La explicación de los líderes musulmanes es que la Biblia fue alterada y que ya no es fiable, pero este juicio no se acompañada con ninguna indicación sobre cuándo, cómo o dónde se cambió el texto, lo cual impide examinar sus fundamentos históricos y hace dudar de la credibilidad de tal afirmación.

Los entendidos la llaman la doctrina de *tahrif* (distorsión o alteración) y la consideran fundada en el Corán. Sin embargo, la aparición de esa doctrina se produce siglos más tarde y las supuestas aleyas que la apoyarían se incorporan en un segundo momento para justificarla, pues la razón para negarla es en realidad otra, y nace en fuerte polémica islámico-cristiana.

¿Qué dice el Corán?

La **actitud del Corán hacia las Escrituras de judíos y cristianos es fundamentalmente positiva**. Varios pasajes afirman que la Torá y los Evangelios vienen de Dios y que el Corán los corrobora y confirma. Por ejemplo:

> *Hace descender sobre ti el Libro por partes con la verdad, <u>confirmando las Revelaciones anteriores</u> a él; e hizo descender la Tora y el Evangelio (Q 3:3).*
>
> *Hemos hecho descender sobre ti el Libro con la verdad como <u>confirmación del Libro que fue revelado antes</u> y como salvaguardia de él. Así pues, juzga entre ellos con lo que Dios ha hecho descender y no sigas sus deseos y caprichos en contra de la verdad que te ha venido. Para cada uno hemos asignado un modo de vida y un sistema integral. <u>Si Dios hubiera querido, habría hecho de vosotros una única comunidad</u>; pero para poneros a prueba en lo que os ha otorgado (Q 5:48).*

En estos pasajes pone al mismo nivel el Corán y las escrituras anteriores, con la única diferencia de que se han enviado a distintos pueblos o comunidades, y el Corán confirma las anteriores. Todo esto indica que en tiempos de Mahoma la Biblia se consideraba inspirada por Dios y por eso merecía respeto. En otra sura se apoya en los milagros descritos en las escrituras precedentes:

> *Y dicen: «¡Si al menos nos trajese un signo de su Señor!». ¿Es que no ha llegado a ellos una Clara Evidencia que contienen las anteriores Escrituras?* (Q 20:133).

La traducción dice correctamente "que contienen", pues el original está en presente, y ese presente aquí indica el tiempo de Mahoma.

También se apoya en las escrituras anteriores que tienen judíos y cristianos para decir que anuncian a Mahoma, una presunción que más adelante examinaremos:

> *Siguen al Mensajero, el Profeta iletrado que encuentran descrito en la Tora y en el Evangelio con ellos* (Q 7:157).

Está claro que el Corán considera esos textos fiables. Y lo mismo vemos aquí, animando a los creyentes a tener fe en su origen divino:

¡Oh vosotros que creéis! Creed en Dios y en Su Mensajero así como en el Libro que le ha hecho descender a Su Mensajero en partes y en los Libros que hizo descender antes (Q 4:136).

Además, cada libro revelado es el criterio para juzgar al pueblo correspondiente, judíos o cristianos, como encontramos en estos dos pasajes casi consecutivos:

¿Pero cómo van a pedirte que juzgues cuando tienen la Tora que contiene el juicio de Dios y, a pesar de ello, se apartan? El hecho es que ésos no son creyentes. Es cierto que hicimos descender la Tora, en la que hay guía y luz (Q 5:43-44).
Que la gente del Evangelio juzgue según lo que Dios ha hecho descender en él. Y todo aquel que no juzgue según lo que Dios ha hecho descender, esos son los transgresores (Q 5:47).

Está claro que en tiempos de Mahoma la Biblia judía y cristiana eran consideradas fiables y procedentes de Dios. Sería contradictorio que la Torá estuviera corrompida ya entonces y que el Corán afirme que en ella hay guía y luz. Y si el Evangelio no fuera fiable, ¿cómo puede el Corán animar a los cristianos a seguirlo? Sólo si los textos eran fiables, podía imponer esas dos guías como una responsabilidad ineludible, paralela al Corán, como aquí:

Di: «¡Oh Gente del Libro! No os apoyáis en nada válido hasta que no pongáis en práctica correctamente la Tora, el Evangelio, y todo lo que os ha sido descendido de vuestro Señor» (Q 5:68).

Estos versos son irreconciliables con la teoría de que las escrituras estaban corrompidas en el momento de la escritura del

Corán. Es de interés también anotar que estas tres últimas aleyas pertenecen a una de las suras que más subraya la importancia de la Torá y el Evangelio, *La Mesa*, n. 5, y que, según la cronología clásica es la antepenúltima en ser revelada, seguida sólo por la 9 y la 110. Por tanto, está cerca del final de la vida de Mahoma.

Ninguna aleya afirma que la *Torá* (la Ley de Moisés) o el *Injil*, que designa el Evangelio en el Corán[1], hayan sido alterados, pero vamos a ver algunas afirmaciones que pueden relacionarse con esa presunción.

El Corán acusa a judíos o cristianos («gente del Libro») de **ocultar partes de la Escritura**, en el sentido de no predicarlas:

¡Oh Gente del Libro! Os ha llegado Nuestro Mensajero, aclarándoos mucho de lo que <u>habéis estado ocultando</u> del Libro y perdonando muchas cosas (Q 5:15).

El analfabetismo estaba muy extendido en Arabia por lo que tenían que confiar en quien leía. Además, no consta que hubiera Biblias en árabe, por lo que quien leía para un público árabe también tenía que traducir. Así, el oyente no tenía medio de saber si le engañaban y el Corán acusa a los que leían la Escritura de ocultar pasajes por conveniencia. También este verso, aplicado a «el libro que Moisés trajo», dice algo similar:

Di: «Entonces, ¿quién hizo descender el Libro que Moisés trajo como luz y guía para la gente y que tratáis como meras hojas de papel de las que hacéis alarde, mientras que <u>ocultáis gran parte de ellas</u>, y se os ha enseñado lo que no sabíais vosotros ni vuestros antepasados?» (Q 6:91).

---

1. *Torá* en el Corán se refiere también a toda la Biblia Judía e *Injil* al Nuevo Testamento completo, pero no resulta claro cuando se emplean esas palabras con sentido restrictivo o general.

La manera de "ocultar" partes de la Escritura puede referirse tanto a no leerla como a no mostrar alguno de los pergaminos que la componían, dejando fuera algún libro o parte de él. En todo caso. Estos dos versos no dicen que se haya cambiado lo que está escrito.

Otros pasajes se refieren a un **uso tergiversado** de los textos. Dos de ellos, contenidos en la sura *La familia de Imran*, se asocian con el discurso oral, no escrito:

¡Oh Gente del Libro! ¿Por qué confundís la verdad con la falsedad y ocultáis la verdad a sabiendas? (Q 3:71).
Y entre ellos hay unos que tergiversan el Libro <u>con sus lenguas</u>, para que creáis que es parte del Libro cuando no lo es. Y dicen que éste proviene de la Presencia de Dios, pero no proviene de la Presencia de Dios. Dicen mentiras atribuyéndoselas a Dios a sabiendas (Q 3:78).

Como en ejemplos anteriores, no hay ninguna indicación de que se hayan alterado los textos escritos, sólo de que los tergiversan con sus lenguas.

Pero, en la Sura "La Vaca", encontramos también una aleya que amonesta a quienes **falsifican partes de la Escritura** con el propósito de venderla:

¡Ay de aquellos <u>que escriben el Libro con sus manos</u> y con el fin de venderlo por un precio nimio, declaran: «Esto procede de Dios». ¡Ay de aquellos por lo que <u>sus manos han escrito</u> y ay de aquellos por lo que han ganado! (Q 2:79).

Este es el único verso que cabría alegar como base de una teoría de alteración de la Biblia escrita, y es presentado a veces para justificarla. Pero esta interpretación tiene dos problemas insuperables.

El primero es que no indica una manipulación general de la Escritura, sino que censura el comportamiento puntual de algunas personas. El contexto sitúa el incidente durante la vida de Mahoma, cuando tanto la Biblia Judía como el Nuevo Testamento estaban ampliamente extendidos con copias en distintos idiomas y en distintos lugares que no se encontraban bajo una misma autoridad ni civil ni religiosa. En efecto, aparte de copias en griego, latín y siriaco, las más abundantes, había biblias en Armenio, copto y etíope, cuyas iglesias se habían separado de Roma dos siglos antes, y también en diversas lenguas del este que no estaban bajo la autoridad de Roma. Por otro lado, si hubiera habido un decreto para cambiar los textos, habría dejado una huella histórica. Es decir, un cambio global en esa época es impensable debido tanto al masivo número de copias y traducciones cuanto a la dependencia de diversas autoridades.

Si, forzando el texto, se interpreta como algo del pasado remoto, tendría que ser cerca del inicio de cada escrito, cuando aún el número de copias era controlable. Pero cuando se escribió el Evangelio, ya la difusión de la Torá escapaba del control de una autoridad, pues había Judíos extendidos por muchos países y la Biblia hebrea ya se había traducido al griego y difundido. Sólo cabría que hubiera habido dos momentos de alteración de los textos, cercanos a la escritura de cada parte. Pero esto no es compatible con la lógica interna del Corán, que establece cómo Jesús confirma la Torá, cosa que no tendría sentido si hubiera sido cambiada para entonces:

Siguiendo los pasos de aquellos, enviamos a Jesús, hijo de María, confirmando la Tora revelada antes que él y le otorgamos el Evangelio, en el que había guía y luz, como confirmación de lo que ya había sido revelado anteriormente en la Tora y como guía e instrucción para los piadosos devotos (Q 5:46).

Si esta aleya es coherente, Jesús confirma la Torá que había sido revelada antes y no podía estar distorsionada en su tiempo.

El segundo problema de Q 2:79 se refiere a cuál es la escritura que se estaría falsificando. No es coherente con su contexto que sea el Nuevo Testamento, pues los únicos profetas mencionados hasta entonces son Mahoma, Adán y Moisés. Más tarde aparece Jesús, pero ya ha cambiado el contexto. Podría referirse a la Biblia hebrea, pues se menciona a Moisés unas líneas antes. Sin embargo, parece que esa historia se da por acabada cuando trata de la falsificación de la Escritura y que Dios está hablando de nuevo a Mahoma, no a Moisés. Es claro, entonces, que la falsificación escrita podría referirse a la Biblia hebrea pero no al Nuevo Testamento.

¿Cabe otra opción? "La Escritura" puede ser la Biblia, pero también el Corán. La palabra original es "el libro", *Alkutub*. En plural suele referirse a las escrituras precedentes al Corán, en singular y sin artículo determinado habitualmente es el Corán, pero en singular y con artículo, como en Q 2:79, puede ser tanto el Corán como alguna de las Escrituras precedentes. La aleya es una advertencia a alguien sin fe que se aprovecha para su propia ganancia de la fe de otros haciéndoles creer que viene de Dios cuando es idea suya. ¿Cuál podría ser la ocasión de esa admonición? La Biblia Hebrea y la Cristiana eran conocidas y bastaría copiarlas para obtener un beneficio. En cambio, el Corán se iba escribiendo en ese periodo y no sería fácil obtener unos versos fiables. La aleya pertenece a la sura *La vaca*, que según la cronología tradicional, es la primera que se revela en Medina. Los oponentes de Mahoma en La Meca no le habían dado tregua, pero al llegar a Medina gozó de más libertad para organizar sus tareas. Es lógico que diera un impulso a la escritura de sus inspiraciones y debía ser cuidadoso en la exactitud de lo escrito. Conforme la popularidad de Mahoma crecía, más gente quería tener algunos versos escritos, y eso pudo dar pie a que gente sin escrúpulos –no musulmanes– escribiera versos y dijera que venían del profeta. La aleya, entonces, está amenazando a quienes seguían esa práctica. Podría estar acusando a judíos, pues unos versos antes encontramos algo similar referido a ellos: *«¡Oh, Hijos de Israel! (…) no vendáis Mis Revelaciones por un precio nimio»* (Q 2:40-41), pero «Mis Revelaciones» serían ahora versos falsos vendidos diciendo que eran parte del Corán, que aún no estaba compilado.

Confirma esta hipótesis que no encontramos esa advertencia en suras posteriores, cuando ya el proceso de escritura estaba más controlado por sus seguidores, y en cambio aparece una expresión similar en un párrafo de la misma sura que se ha introducido con la expresión «¡Oh, vosotros que creéis!» (Q 2:172), y por tanto esta vez se está refiriendo a sus seguidores:

> *Aquellos que <u>oculten</u> las verdades y mandamientos del Libro que Dios ha hecho descender <u>y los vendan a un precio nimio</u> no ingerirán en sus vientres más que fuego. Y Dios no les hablará el Día de la Resurrección, ni les absorberá declarándoles puros. Tendrán un doloroso castigo. Tales son aquellos que <u>adquieren la guía a cambio del extravío</u> y a su vez el perdón a cambio del castigo. ¡Cómo perseveran en alcanzar el Fuego!* (Q 2:174-175).

No hay duda de que aquí tanto "la Escritura" como "la Guía" es el Corán, y denuncia a quienes la «venden por poco precio», que es la misma expresión de Q 2:79. Es razonable deducir que ambos pasajes de la misma sura se están refiriendo al mismo hecho, coincidiendo con el proceso de escritura de los versos que Mahoma iba dictando. Por ese motivo la advertencia es más seria, pues el libro no estaba aún terminado ni compilado.

Después de examinar estos pasajes, por tanto, ni el Corán afirma la alteración de la Biblia escrita ni existe evidencia de un cambio en las escrituras judías y cristianas. Al contrario, las considera inspiradas por Dios y punto de referencia. Para el Corán, ambas vienen de Dios y los pueblos "del libro" deben seguir su propia revelación, de la que el Corán se presenta como confirmación, no como abrogación.

¿Qué encontramos en la Sunna?

Lo primero que hay que resaltar de la Sunna es que confirma el Corán en cuanto a que las escrituras judías y cristianas son inspiradas por Dios. Y, al mismo tiempo, que haber recibido esos libros no basta, hay que seguirlos, como vemos en esta advertencia del profeta sobre el futuro:

Narrado por Jubair bin Nufair. De Abu Ad-Darda, quien dijo: «Estábamos con el Profeta cuando levantó la vista hacia el cielo, luego dijo: "Este es el momento en que se le quitará el conocimiento a la gente hasta que lo que quede de él no valdrá nada". Entonces Ziyad bin Labid Al-Ansari dijo: "¿Cómo nos lo quitarán mientras recitamos el Corán? Por Alá, lo recitamos, y nuestras mujeres y niños lo recitan", dijo: "¡Que te quedes sin tu madre, oh Ziyad! Solía considerarte entre los Fuqaha de la gente de Al-Madinah. La Tawrah y el Injil están con los judíos y los cristianos, pero ¿de qué les sirve?"» (Jami` at-Tirmidhi 2653; grado: Sahih - Darussalam).

Lo mismo que el Corán, este hadiz da por supuesto que judíos y cristianos tienen los libros correctos, pero que no los siguen. Esto hace eco a dos textos que ya hemos mencionado de la sura 3: Q 3:70-71 y 3:78.

Otra tradición muestra el respeto de Mahoma hacia la Ley de los judíos, y que la aplicó al menos en una ocasión:

«Un judío y una judía fueron llevados ante el Mensajero de Alá acusados de cometer una relación sexual ilegal. El profeta les preguntó.

"¿Cuál es el castigo legal en su Libro?" Ellos respondieron: "Nuestros sacerdotes han innovado el castigo de ennegrecer las caras con carbón y Tajbiya". `Abdullah bin Salam dijo: "Oh Mensajero de Alá, diles que traigan la Torá". Se trajo la Torá, y entonces uno de los judíos puso su mano sobre el Verso Divino del Rajam (lapidación) y comenzó a leer lo que precedía y lo que seguía. Sobre eso, Ibn Salam le dijo al judío: "Levanta tu mano". ¡Mirad! El Verso Divino del Rajam estaba bajo su mano. Así que el Apóstol de Alá ordenó que los dos fueran apedreados hasta la muerte, y así fueron apedreados» (Sahih Al-Bukhari 6819).

Es particularmente significativo que se le llevó físicamente un ejemplar de la Torá, y que no mostró duda en aplicar lo que estaba escrito allí a pesar de que implicaba la muerte de dos personas en contra de la costumbre judía en aquel momento y lugar. El hecho destaca más considerando que el Corán no manda ese castigo para el caso en cuestión[2]. Esta historia se ha transmitido a través de varias tradiciones con más o menos detalles. En una de ellas, después de que los judíos explican que ya no usan ese castigo, Mahoma presume de aplicar la Torá:

Nosotros [los judíos] acordamos ennegrecer la cara del criminal con carbón y azotarlo, y abandonamos la lapidación. El Mensajero de Alá dijo entonces: Oh Alá, soy el primero en dar vida a Tu comando que ellos han matado. Entonces ordenó con respecto a él (el judío), y fue apedreado hasta la muerte (Sunan Abi Dawud 4448; Grado Sahih – Al-Albani).

Y en otro hadiz se añade un detalle sobre el respeto de Mahoma por el libro:

---

2. Existen testimonios antiguos sobre una aleya supuestamente perdida que mandaba la lapidación hasta la muerte como un castigo (cf. Sunan ibn Majah, 1944), pero no está en el Corán.

…Colocaron un cojín para el Mensajero de Alá, quien se sentó en él y dijo: Traed la Torá. Se la trajeron. Luego retiró el cojín de debajo de él y colocó la Torá sobre él diciendo: He creído en ti y en Aquel que te reveló (Sunan Abi Dawud 4449; Grado: Hasan – Al-Albani).

El profeta consideraba las escrituras de judíos y cristianos en su tiempo como los verdaderos libros revelados a Moisés y Jesús, a quienes veneraba como profetas. No hay ningún hadiz en que Mahoma diga o actúe como si hubieran sido alterados. En otras palabras, la Sunna confirma que Mahoma tenía la misma veneración hacia las escrituras precedentes que hemos encontrado en el Corán.

Sin embargo, sí se encuentran en la Sunna acusaciones de alteraciones de la Biblia lanzadas por una persona cercana a Mahoma. Las tradiciones que tienen su origen en un compañero o un pariente suyo y no refieren palabras o hechos del profeta, han de ponderarse, pero no gozan de su autoridad. En particular, cuando se trata de relatos posteriores a su muerte, como en este caso. Por este motivo, no pertenecen al núcleo de la fe islámica ya que Mahoma es el único canal de la revelación.

Veamos el primer hadiz:

Narrado por Ubaidullah: Ibn ʿAbbas dijo: «¿Por qué le preguntas a la gente de las Escrituras sobre cualquier cosa mientras que tu Libro (Corán) que ha sido revelado al Mensajero de Alá es más nuevo y más reciente? Lo lees puro, sin distorsiones y sin cambios, y Alá os ha dicho que la gente de las Escrituras (judíos y cristianos) <u>cambiaron sus escrituras y las distorsionaron, y escribieron las escrituras con sus propias manos</u> y dijeron: "Es de Alá", para venderlas por una pequeña ganancia. ¿El conocimiento que te ha llegado, no te impide preguntarles algo? ¡No, por Alá, nunca hemos visto a ningún hombre de ellos preguntarte sobre lo que te ha sido revelado!» (Sahih al-Bukhari 7363).

Este texto tiene algunas dificultades. La primera es que menciona la aleya 2:79, que, como hemos visto, no está claro a qué escritura se refiere, pero no puede tratarse del Nuevo Testamento. Además, Ibn 'Abas, según esta tradición, hace una interpretación mucho más amplia de lo que ese verso indica, que no es compatible con la actitud del Corán considerado en conjunto respecto a la Biblia.

Por otra parte, choca con otras afirmaciones del Corán sobre a quién acudir en caso de duda:

> *Y si ahora tenéis alguna duda acerca de la verdad de lo que te hemos hecho descender entonces <u>pregunta a los que han leído el Libro antes de ti.</u> Sin duda alguna, te ha llegado la verdad de Tu Señor, no seas, pues, de los que dudan* (Q 10:94).

En este verso Dios está hablando a Mahoma, luego "el Libro" se ha de referir a la revelación anterior, porque nadie leyó el Corán antes de él. Y algo semejante encontramos en otros dos versos que repiten la misma frase:

> *Antes de ti no enviamos sino a hombres a los que les revelamos —y si vosotros no lo sabéis, entonces preguntad a la gente de conocimiento experto—* (Q 16:43; 21:7).

Dos contradicciones con el Corán hacen ese hadiz sospechoso de no reflejar la mente de Mahoma[3]. Es un hadiz fiable desde el punto de vista de la cadena de autoridades que lo transmite, pero no proviene del profeta. Ibn 'Abbas no dice que oyera a Mahoma decir eso, sino que refleja solo su pensamiento propio, y por las palabras del final con las que echa en cara que no hayan preguntado por lo que dice el Corán, se ve que está escrito con actitud polémi-

---

3. Otros dos hadices, también con origen en Ibn 'Abbas, transmiten la misma idea (Sahih al-Bujari 2685; 7523).

ca. Según la tradición, Ibn 'Abbas tenía doce años cuando murió Mahoma. Podía ser relativamente cercano a él, que era tío segundo suyo, pero no parece que tuviera edad suficiente para conocer cómo pensaba en temas de cierta importancia. Más tarde, se ganó un excelente prestigio hasta el punto de que algunos lo consideran el padre del *tafsir*, el arte de interpretación del Corán. Sin embargo, su autoridad no puede prevalecer sobre la del Corán o la de Mahoma, que mostró hacia las escrituras un respeto superior a las ideas que nos han llegado de su sobrino segundo sobre este punto.

Por completar el cuadro, existe una tradición que se atribuye al mismo Ibn 'Abbas y explica cómo habría sucedido ese supuesto cambio de la Biblia. Es un hadiz clasificado como *da'if*, es decir, que su cadena de transmisión es débil, poco fiable. Pero es el único que da una explicación de carácter histórico y por eso lo reproduciremos aquí:

Ibn 'Abbas dijo: «Hubo reyes después de 'Isa bin Mariam que alteraron la Torá y el Injil, pero había entre ellos creyentes que leían la Torá. Y dijeron a sus reyes: "Nunca hemos oído hablar de una calumnia peor que la de aquellos que nos calumnian y recitan: 'Y quien no juzgue por lo que Alá ha revelado, esos son los incrédulos'. En estos Versos, nos están criticando por nuestras acciones cuando las recitan". Así que los convocó y les dio a elegir entre morir o dejar de leer la Torá y el Injil, excepto los que habían sido alterados. Ellos dijeron: "¿Por qué quieren que cambiemos? Déjennos en paz". Algunos de ellos dijeron: "Construidnos una torre y dejadnos subir allí, y dadnos algo para subir nuestra comida y bebida, para que no tengamos que mezclarnos con vosotros". Otros dijeron: "Vamos a vagar por la tierra, y beberemos como beben los animales salvajes, y si nos capturas en tu tierra, puedes matarnos". Otros dijeron: "Constrúyenos casas en el desierto, y cavaremos pozos y cultivaremos vegetales, y no nos mezclaremos con vosotros ni pasaremos cerca, porque no hay nadie de las tribus entre quienes no tengamos parientes cercanos". Entonces hicieron eso (...) "Cuando Alá envió al Profeta, y solo quedaban unos pocos de ellos, un hombre bajó de su cel-

da, y un errante vino de sus viajes, y un monje vino de su monasterio y creyeron en él. Y Alá dijo: '¡Oh vosotros que creéis! Temed a Alá y creed en su Mensajero (Mahoma)'"» (Sunan an-Nasa'i 5400).

Tal vez esta tradición *da'if* podría estar en el origen de la leyenda de distorsión de las escrituras. Sin embargo, viéndolo más de cerca, en realidad la contradice.

En efecto, si tratamos de deducir cuándo sucedió, tenemos la indicación de que algunos de los que se opusieron al cambio todavía vivían cuando llegó Mahoma, así que tuvieron que encontrarlo después del año 610. Por tanto, el cambio debió suceder no antes del año 550. Incluso si esos reyes fueran capaces de sustituir todas las copias de la Biblia y todas las traducciones existentes entonces, lo que parece imposible, todavía quedaría otro problema: manuscritos anteriores al 550 no tendrían alteraciones. Y resulta que nos han llegado muchos manuscritos más antiguos, como veremos en las próximas páginas. En particular, dos copias de la Biblia en griego de más de 200 años antes, en las que se basan las copias actuales de la Biblia.

Por tanto, si la historia de ese hadiz fuera cierta, sólo se trataría de una alteración local y temporal, de la que no se ha encontrado ningún rastro.

Para concluir lo dicho hasta aquí, el Corán y Mahoma tenían gran respeto por las escrituras precedentes y confiaban en los textos que manejaban los judíos y cristianos contemporáneos. Las únicas sospechas vienen de Ibn 'Abas, sobrino segundo de Mahoma que tenía doce años cuando él murió. Y aun tomando sus sospechas seriamente, tenemos manuscritos muy anteriores a las supuestas alteraciones.

Para completar el cuadro, por tanto, es preciso aportar algunos datos sobre los manuscritos de la Biblia y la fiabilidad de las biblias actuales.

Manuscritos antiguos de la Biblia

Las dos copias más antiguas de la Biblia completa son de los años 300-350, el Códice Vaticanus y el Códice Sinaíticus. El primero se conserva en el Vaticano, en Roma, y era bien conocido durante siglos. Contiene el Antiguo Testamento en griego siguiendo la versión de los setenta, también llamada Septuaginta, y el Nuevo Testamento también en griego, que en este caso es su lengua original. La Septuaginta es una traducción de la Biblia hebrea realizada por judíos de Alejandría en un periodo largo centrado hacia el año 200 antes de Cristo, y que incorpora algunos otros libros que pasaron al canon de libros bíblicos cristianos, pero no al de los judíos. Por su parte, el Códice Sinaíticus se conservaba en el Monasterio de Santa Catarina, al pie del monte Sinaí, en Egipto, pero no fue conocido fuera de ahí hasta el siglo XIX. Incluye la mitad del Antiguo Testamento en la versión de la Septuaginta y el Nuevo Testamento completo. Ambos son Códices (*codex*), es decir, tienen la forma de libro moderno, no de rollos sueltos. Las diferencias entre ambas versiones no son significativas para el propósito de la Biblia.

Nos han llegado, además, muchos manuscritos parciales anteriores al año 300. Uno de ellos contiene casi todo el Evangelio de san Juan (Papiro 66); fue hallado en Egipto en 1952 y está datado alrededor del año 200. Las diferencias entre manuscritos antiguos no alteran el mensaje. Actualmente hay ediciones de la Biblia que recogen las variaciones, debidas en su mayor parte a errores de copistas. Conviene subrayar que antes del siglo cuarto los cristianos no tenían poder temporal y en el imperio Romano eran perseguidos. Por lo que no pudieron hacer una versión oficial e imponerla desde arriba, como hizo Uthman con el Corán. Y, sin embargo, los libros inspirados se difundieron sin cambios sustanciales y se conservan todavía cientos de copias parciales en distintas lenguas (griego, sirio, copto, armenio, latín, etc.). Si alguien hubiera tratado de cambiar la Biblia, habría necesitado una autoridad que se extendiera más allá de las fronteras del imperio Romano para alterar los manuscritos en distintas lenguas, lo que va contra toda evidencia histórica.

Naturalmente se puede argumentar que el Nuevo Testamento fue alterado cuando sólo había un ejemplar, pero es un pensamiento infantil creer que en algún momento hubo un ejemplar único: cada libro se escribió y se copió por separado y sólo en un segundo momento se fueron agrupando hasta componer un corpus único.

Sobre la biblia hebrea, los dos manuscritos completos más antiguos en hebreo son los Códices de Leningrado y Alepo, de los siglos X-XI. Pero, como ya se ha dicho, el Códice Vaticano contiene los mismos libros en griego, siguiendo la Septuaginta, y, dentro de las variaciones inevitables de una traducción, el acuerdo es satisfactorio. Aunque sea una prueba parcial, en Qumran, en el siglo XX, se encontró una copia completa del libro de Isaías escrita en el siglo II antes de Cristo y, aunque hay pequeñas variaciones de ortografía y gramática, no resultan importantes para el mensaje.

Las Biblias actuales se basan en copias anteriores a los tiempos de Mahoma y por tanto son las que el Corán alaba.

Autores islámicos que usaron la Biblia

En los primeros años del islam, los mismos musulmanes aceptaban la Biblia como el texto que Dios había enviado a judíos y cristianos e incluso algunos la citaban. Como explica Reynolds:

Los mufassirun *[exegetas] se basaron en gran medida en material bíblico. Este fue, se podría decir, un recurso inevitable para los primeros* mufassirun, *a la luz del estilo alusivo del Corán. Debido a que el Co-*

*rán a menudo proporciona alusiones a narraciones bíblicas, pero no las
narraciones en sí mismas, los exégetas tuvieron que recurrir a los judíos
y cristianos para dar sentido a sus propias escrituras*[4].

Algunos eruditos musulmanes criticaron las interpretaciones de la Biblia judía o cristiana, pero en esa crítica consideran válidos los textos.

Ibn Ishaq, en su *Sirat Rasul Allah*, que hemos ya presentado como una de las fuentes de tradición musulmana, es uno de los más antiguos. No es el tipo de escrito en el que buscar palabras de la Biblia, pero cuando pretende enlazar la venida del profeta con el Nuevo Testamento, cita un pasaje del Evangelio de san Juan con ese propósito[5]. Nos detendremos en él cuando estudiemos la pretensión de anuncios de Mahoma en la Biblia, pero ahora nos basta saber que Ibn Ishaq cita el Nuevo Testamento con unos pocos cambios, especialmente el uso de *el Señor* en lugar de *el Padre* o *mi Padre*.

También los primeros historiadores musulmanes confían en la Biblia, ya sea directamente o a través de escritores precedentes. El más interesante desde este punto de vista es Al-Ya'qubi (m. 897). Como señala Féghali, en la primera parte de su Historia de Ya'qubi «la fuente principal, por no decir exclusiva, sigue siendo la Biblia»[6]. Cuando escribe sobre Jesús, utiliza varios pasajes del Evangelio o los resume, dando por supuesta su fiabilidad. La única excepción se encuentra en la descripción de la crucifixión. Toma cierta distancia al explicar lo que dicen los escritores de los Evangelios, por la dificultad de hacerlo compatible con la teoría de

4. Reynolds, G. S., *The Qur'ān and Its Biblical Subtext*, Routledge Studies in the Qur'an (10), 2010, London-New York: Routledge, p. 217.

5. Cf. Ibn Ishaq, *Sirat Rasul Allah*, p. 104.

6. Féghali, P., «Le texte évangélique dans les sources musulmanes». In *Parole de l'Orient*, 2012, 37, p. 53.

la sustitución de Q 4:157, que hemos visto en el capítulo anterior. Féghali explica que probablemente leyó los Evangelios en siríaco, y concluye: «le gusta el clima siríaco en el que vive; presenta los Evangelios, especialmente el de Mateo, sin refutar ni emitir ningún juicio»[7].

Uno de los textos musulmanes con citas de la Biblia es *La refutación excelente de la divinidad de Jesús a través del texto del Evangelio*[8], que algunos atribuyen a Al-Gazali (m. 1111), aunque no hay unanimidad. En todo caso, es un libro de la época escrito desde una perspectiva islámica y que emplea la Biblia sin dudar de su autenticidad. El texto no plantea defenderla, simplemente la cita como la Escritura de los cristianos. Con frecuencia lo hace para rebatir una interpretación, como la forma cristiana de entender el Evangelio de Juan: cuando lo cita no hay duda de que lo tiene delante y acepta el texto sin considerar la posibilidad de que haya sido alterado.

El origen del mito del tahrif

Según lo que hemos visto, el fundamento de una alteración de la Biblia es tan poco consistente con fuentes históricas e islámicas que surge la pregunta, ¿dónde y cuándo aparece esta idea? La respuesta viene de Córdoba, en tiempos de Al-Ándalus, de la mano de Ibn Ḥazm (m. 1064), seguidor de la escuela islámica de jurisprudencia de Zahiri y acérrimo defensor del sentido literal del Corán.

---

7. Féghali, P., «Le texte évangélique dans les sources musulmanes», p. 58.

8. Al-Gazali, A. Ḥ, *La refutación excelente de la divinidad de Jesús a través del texto del Evangelio*. Las citas son traducción de la versión francesa: *Refutation Excellente de la Divinite de Jesus-Christ d'apres les Evangiles*, Paris: Librairie Ernest Leroux. R. Chidiac (trad.), 1999, Istanbul: Hakîkat Kitâbevi.

Ibn Ḥazm desarrolló este tema del *tahrif* de la Biblia en su voluminosa «Historia crítica de las creencias e ideas religiosas» (*ikktab al-fiṣal fi almulul wal'ahwa' walnahl*), conocido también como el *Fiṣal*. En el primer tratado de esta obra, cap. XV-XX, estudia la Torá y el *Injil*, señalando contradicciones literales y lo que él considera imposibilidades teológicas (antropomorfismos, atribución de pecados a los profetas, etc.), que no puede aceptar como revelación. Basado en esos pasajes y en su estrecha concepción de la revelación, rechaza que la Biblia que está estudiando provenga de Dios. Al mismo tiempo, como el Corán es muy claro en afirmar que Moisés recibió la Torá y que *'Issa* recibió el *Injil*, concluye que los escritos originales debieron ser alterados en algún momento y como no se conocen los cambios, ya no son fiables.

Su argumento, por tanto, no es histórico, sino un juicio interno sobre el contenido de la Biblia, aplicando su criterio sobre cómo debe ser un libro revelado, criterio que no se encuentra en la revelación, pero sí en la tradición islámica. La mayor parte de los musulmanes concibe la Escritura como un texto que ha descendido del cielo exactamente como lo conocemos. Cada palabra, cada letra, proviene directamente de Dios. Así se considera el Corán. Pero cuando Ibn Ḥazm pretende aplicar ese molde a la Biblia no le encaja, pues no es esa la mente con que judíos y cristianos entienden la Escritura. Veremos enseguida la gran diferencia de comprensión, pero antes conviene exponer algo más sobre Ibn Ḥazm y su método.

Al leer cómo exige a la Biblia una coherencia interna literal, cabe preguntarse si el Corán supera ese baremo de un sentido literal estricto. Según Ibn Ḥazm sí, pero para ello debe hacer un extraordinario esfuerzo siguiendo el "método" que el islamólogo Pareja describe con estas palabras: «su método consiste en nada más que torturar el diccionario y la gramática hasta encontrar una excepción que le permita salvar el sentido literal»[9]. En otras palabras, la preconcepción de que no puede haber contradicción alguna le lleva a forzar las palabras de manera artificial.

Otro elemento central es su espíritu polémico. Se enfrascaba con frecuencia en disputas y era bien conocido –y temido–por su uso retórico de la lógica y sus ataques personales. No era beligerante sólo contra judíos y cristianos, sino que se trataba de una actitud personal que dirigía también contra otros musulmanes. En el mismo *Fiṣal*, por ejemplo, rechaza las posiciones tanto de Mustazilíes como de sus oponentes Asharíes, las dos corrientes filosóficas principales que se contraponían desde el siglo octavo, y también manifiesta críticas contra Suníes y Chiitas. Y no sólo se trata de posiciones de debate, sino que con frecuencia pasaba al plano personal. Camila Adang, que ha estudiado las controversias entre el islam y el Judaísmo en ese período, tiene que hacer una distinción particular con este autor: «Los intercambios polémicos eran, en conjunto, de tono cortés, con la notable excepción del andalusí Ibn Ḥazm, conocido por su vilipendio indiscriminado de los oponentes, incluso si eran musulmanes»[10].

En su tiempo, los prejuicios de musulmanes contra judíos y cristianos –y viceversa– estaban ya bien extendidos. Por eso, un autor que hacía uso de la lógica para concluir que la Biblia había sido corrompida recibió una calurosa acogida en el mundo islámico, en el que la Biblia ya no se leía. Sus argumentos sobre este tema fueron bien aplaudidos y utilizados, pero no evaluados en sí mismos: los resultados eran satisfactorios y no valía la pena juzgar la solidez de la deducción, que se daba por supuesta. Por estas razones, el impacto fue enorme y la difusión muy rápida. Por

9. Pareja, F. M., *Islamologia*, 1951, Roma: Orbis Catholicus, p. 461.

10. Adang, C. «Polemics (Muslim-Jewish)», en *Encyclopedia of Jews in the Islamic World*, Brill: Brill Online, University of Pennsylvania, 2010, p. 6.

ejemplo, Ibn Taymiyah (m. 1328), en su libro *La respuesta correcta a los que alteraron la religión de Cristo*, escrito menos de dos siglos después de Ibn Ḥazm, expone como un hecho adquirido que la Biblia cristiana había sido cambiada.

En poco tiempo, la leyenda de la corrupción de la Biblia pasó a formar parte de la cultura islámica, a pesar de que nunca se formuló como parte de la fe y que contradice la actitud de Mahoma respecto a la Biblia.

Cómo 'debe' ser una Escritura inspirada

¿En qué se basaba la argumentación de Ibn Ḥazm? Cuando examinó la Biblia, el modelo de escritura sagrada que tenía en mente era el Corán tal como se considera en el islam. Y concluyó que la Biblia no podía ser un libro inspirado porque no seguía ese modelo. Debía haber habido un cambio, una alteración o *tahrif*, y para poder extenderse por todas partes postuló que las modificaciones debían haber sido hechas en un periodo muy temprano respecto a la escritura de cada libro, en dos momentos distintos, lo que significa que en tiempos de Mahoma ya estarían alterados. Esto, sin embargo, va en contra de todas las evidencias que hemos visto del respeto del Corán por las escrituras anteriores.

Toda la argumentación, por tanto, depende de lo que él considera que puede incluir un libro inspirado y lo que no, colocándose como juez de la revelación. Pero lo juzga siguiendo una ley, la revelación en el Corán, que para él tiene una precisión letra a letra. El ejemplo más claro de esa forma de ver la escritura son las "letras cortadas", *Hurufun Muqatta*, que son entre una y cinco letras que aparecen al principio de veintinueve suras y que se copian y pronuncian, aun sin conocer el significado.

Este apegamiento a la letra es visto como respeto por el texto y configura el concepto islámico de revelación: un texto que

Dios entrega a su profeta letra a letra. Para agradar a Dios hace falta recitarlo exactamente como es. La recitación es el primer y dominante uso del Corán, mientras que entender el significado es conveniente, pero secundario. Por esta razón, sólo el texto escrito en árabe se considera el Corán: recitar una traducción no tendría ningún efecto ante Dios o en la persona. No se trata de un conjuro mágico, puesto que la magia usa palabras para activar supuestos poderes naturales, mientras que la recitación del Corán se dirige a Dios.

Es importante ver esta recitación de una forma positiva, sin caer en la racionalidad de una mentalidad occidental. Una de las profesoras de árabe que trabaja en el Instituto donde doy clases, es una persona admirable: delicada, siempre alegre, preocupada por los demás, disponible… En una ocasión le pregunté si había leído el Corán. Me contestó que, con mucha frecuencia, cuando se subía al tranvía que la llevaba al trabajo, se ponía sus audífonos y escuchaba el Corán recitado. Lo conocía bien y de hecho me ayudó a comprender algunos pasajes. Aunque la prioridad fuera la recitación —en este caso la escucha—, la cadencia de las aleyas iba ayudándola a profundizar en su contenido.

Pero, sin duda, la literalidad del Corán, produce cierta perplejidad en quienes tratan de entender algunos pasajes con una mentalidad moderna. Al inicio de la Vía Dolorosa en Jerusalén, se encuentra un pequeño local donde suele haber un hombre regalando ejemplares del Corán que tiene apilados en distintos idiomas. Alguien me contó que pasó por ahí y tomó uno para ojearlo. Lo abrió al azar y leyó algunos versos que le pareció que fomentaban la violencia. El hombre se apresuró a explicar que hay que darle una explicación espiritual, pero se encontró con la pregunta ¿dónde dice el Corán que hay que leerlo con un sentido espiritual? Para la inmensa mayoría de los Musulmanes actuales, no cabe una interpretación distinta de la literal y el Corán no la fomenta.

Esta actitud se generalizó en el siglo XI, y ha quedado cristalizada. Aunque hay Sufíes y algunos otros grupos que hacen una lectura espiritual de esos pasajes, son minoritarios y, sin duda, serían rechazados enérgicamente por Ibn Ḥazm.

¿En qué se distingue el concepto de la revelación en la Biblia? La diferencia principal es que la prioridad recae sobre el mensaje, el significado de fondo, no en las palabras, idiomas o expresiones. Lo que cuenta es el mensaje que Dios quiere comunicar a través de los relatos. Lo que constituye la revelación no es el libro en sí mismo, sino los hechos y palabras que contiene. En la Biblia judía, que es también la mayor parte de la biblia cristiana, el tema dominante de la revelación es la interacción entre el Pueblo de Israel y Dios. El lector puede extraer de los relatos algunos rasgos de cómo es Dios y cómo debería ser el hombre. Y en el Nuevo Testamento cristiano, el centro es una persona, Jesús. Él no escribió nada ni recitó versos como dictados desde lo alto. Pero manifestó que era el hijo de Dios y compartió su existencia con un grupo de personas que se convirtieron en testigos de sus enseñanzas, milagros, vida, muerte y resurrección. A partir de los escritos de esos testigos, el lector puede entender cómo es Dios, cómo ama a los hombres y sus planes para ellos.

En ambos casos, la Biblia fue escrita por autores humanos con diferentes estilos y lenguajes. Y Dios inspiró a cada autor para que escribiera de modo que el mensaje fuera completo y comprensible. Las narraciones históricas reflejan hechos reales, pero no tienen por qué seguir una precisión historiográfica. Muchas veces la siguen, pero esa precisión no es el objeto de la Biblia, salvo lo que refiere al mensaje de salvación. Por ejemplo, en un libro de carácter épico, se pueden encontrar exageraciones en los números porque es parte del estilo. Pero el mensaje central no depende de la precisión de los números. También hay historias que pueden considerarse como un cuento edificante, pues no tiene referencias temporales o geográficas claras y simplemente cumplen la función de transmitir una enseñanza moral, independientemente de si ha sucedido tal como se cuenta o no.

Esto no lo preveía Ibn Ḥazm cuando trataba de analizar la Biblia con su concepto de revelación, y naturalmente quedó desconcertado con el texto. Por eso dedujo que no podía ser inspirado. También la viceversa resulta de interés: si se intenta analizar el Corán con el concepto bíblico de revelación, resulta desconcertante. Muchos judíos y cristianos que tratan de buscar el mensaje que transmite el Corán se desaniman pronto, porque está escrito para ser recitado en árabe de modo que vaya calando en el que declama o escucha, no para ser analizado racionalmente.

Conclusiones sobre las supuestas alteraciones de la Biblia

Un resumen final de lo expuesto aquí incluye los puntos siguientes:

- El Corán insiste en que judíos y cristianos deben seguir sus libros como guía.
- El mismo Corán se presenta como una confirmación de la Torá y del *Injil*.
- El Corán no dice que la Biblia fuera alterada, sólo que algunos judíos y cristianos no obedecen o enseñan el texto escrito o que ocultan parte de él.
- En la Sunna no hay ningún hadiz en que Mahoma diga que la Biblia había sido cambiada.
- El mismo Mahoma mostró gran respeto por las escrituras anteriores y usó al menos una vez la Torá.
- Hay dos hadices, uno de ellos *da'if*, que dicen que las escrituras de judíos y cristianos, fueron alteradas. Ambos tienen como origen la misma persona, Ibn 'Abbas, un so-

brino segundo de Mahoma que tenía doce años cuando su tío falleció. Uno de ellos contradice el Corán.

- Las copias actuales de la Biblia se basan en manuscritos 300 años anteriores a Mahoma.

- Algunos estudiosos musulmanes de los inicios usaron la Biblia en sus obras.

- El auténtico comienzo de la leyenda es Ibn Ḥazm, un polemista del siglo XI, de la Córdoba musulmana, que analizó la Biblia y concluyó que no podía ser un libro inspirado por Dios.

- La razón es un concepto diferente de revelación: el del Corán apegado a la letra y el de la Biblia que da más peso al mensaje, contando con el autor humano y la forma literaria.

- Una vez que Ibn Ḥazm creó el mito, muchos estudiosos musulmanes lo acogieron y difundieron, sin revisar los argumentos.

Un Musulmán, por tanto, no está obligado a creer que la Biblia ha sido alterada: Mahoma nunca lo dijo, al contrario, confió en ella y la defendió. Y las copias actuales contienen el mismo texto de la Biblia de su tiempo.

3

Dios no puede tener un hijo

Declarar que algo es imposible requiere una extrema precisión en los términos, porque usando una palabra en un sentido ligeramente distinto, podría ser posible. Aún más precisión se requiere cuando se afirma que Dios no puede hacer algo, pues por ser omnipotente lo puede todo, salvo contradecirse a sí mismo. Como estamos frente a un texto que no define los términos con claridad, para juzgar si es cierto, hace falta establecer el significado preciso de las palabras y en qué sentido se usan. Este será nuestro objetivo principal en esta cuestión.

La declaración en el Corán

La fuente de esta afirmación son varias aleyas del Corán. Empezamos con una que acusa a judíos y cristianos de decir que Dios tiene un hijo:

Y esos judíos dicen: «Ezra ('Uzair) es el hijo de Dios» y los cristianos indican: «El Mesías es el hijo de Dios». No son más que aseveraciones verbales que imitan las proferidas por algunos incrédulos que les prece-

dieron. ¡Que Dios los destruya! ¿Cómo pueden apartarse de la verdad y realizar dichas afirmaciones? (Q 9:30).

Con respecto a los judíos, no hay constancia histórica de que llamaran hijo de Dios a Ezra, el nombre bíblico que suele identificarse con Uzair. Los exégetas del Corán intentaron dar varias explicaciones desde el principio, como que quizá hubiera un pequeño grupo de judíos que lo afirmaba en tiempos de Mahoma, o que podría referirse a otra persona en lugar de Ezra, etc. Pero no hay evidencias ni consenso. A falta de una solución fundada y fuentes para explicarlo, lo dejaremos así y nos concentraremos en la segunda parte.

Los cristianos, en efecto, consideran que Jesús es el hijo de Dios, pero ¿en el mismo sentido que aparece en el Corán? El problema principal aquí es el significado de "tener un hijo" que se emplea en este contexto.

Hay **tres verbos** que el Corán niega que puedan ser acciones de Dios, que se traducen habitualmente como *tener, tomar* o *engendrar* un hijo.

El primer verbo es *kana lahu* (كان له)[1].

Su significado, incluyendo la preposición, sería "tener", sin connotaciones positivas ni negativas ni relación con la generación[2]. Este verbo aparece aplicado a Dios en tres ocasiones con el significado de tener un hijo. Uno de esos versos es hipotético y, aunque niega que Dios tenga un hijo, no declara que lo contrario sea imposible ni una blasfemia.

---

1. La discusión de este capítulo requiere precisión en los términos. Por eso hemos querido reproducir las palabras en el origúnal árabe, que puede ayudar a quien conoce la lengua.

2. Otro verbo ligeramente diferente, con la misma raíz pero perteneciente a otra conjugación, *kawun* (كوّن), significa dar a luz o engendrar, pero como no se aplica a Dios esta segunda forma, no lo discutiremos aquí.

Di: «Si el Misericordioso tuviera un hijo [إِنْ كَانَ لِحْمَنِ وَلَدٌ], sería yo el primero en venerarle». Glorificado sea el Señor de los Cielos y de la Tierra, el Señor del Trono Supremo, por encima de todo aquello que Le atribuyen (Q 43:81-82).

Otro confirma la misma tendencia:

Dios no es sino un Único Dios. Gloria a Él, está absolutamente por encima de tener [يَكُونَ لَهُ] un hijo. A Él pertenece todo cuanto hay en los Cielos y todo cuanto hay en la Tierra. Y Dios basta como Aquel en Quien confiar y a Quien han de remitirse los asuntos (Q 4:171).

Esta aleya es una de las pocas que, en este contexto, se dirige a cristianos y parece indicar que Dios no necesita un hijo para administrar lo que le pertenece.

En esta otra, se aportan más elementos para definir mejor el significado, al tiempo que se resalta que la crítica surge en contexto politeísta:

Inventan para Él <u>hijos e hijas</u>. ¡Gloria a Él, Quien absolutamente se halla ensalzado por encima de lo que atribuyen! El Creador de los Cielos y de la Tierra con nada ante Él a imitar. ¿Cómo puede <u>tener un hijo</u> [يَكُونَ لَهُ] cuando <u>no tiene consorte</u> [لَمْ تَكُنْ لَهُ] y ha creado todas las cosas? Posee pleno conocimiento de todas las cosas (Q 6:100-101).

Es claro que esta aleya propone una idea de hijo de Dios radicada en la visión politeísta de dioses que tienen hijos e hijas. También es notable que utiliza el mismo verbo para hablar de "tener un hijo" y "tener esposa" (o compañera), lo que confirma que el verbo en sí mismo no está relacionado con la generación. Al mismo tiempo, usar el hecho de no tener esposa como prueba de que Dios no puede tener un hijo subraya que el concepto coránico de "tener un hijo" es puramente el de la procreación humana.

Este significado se confirma también por el uso del **segundo verbo empleado en este contexto:** *attajada* (اتخذ).

> *Y algunos dicen: «El Misericordioso ha adoptado para Sí [اتَّخَذَ] un hijo». Sin duda habéis presentado algo monstruoso, —Los Cielos están a punto de desgarrarse, la Tierra de partirse por la mitad y las montañas de desmoronarse— Porque atribuyen un hijo al Misericordioso. Y no es propio del Misericordioso tomar [يَتَّخِذَ] para Sí un hijo. No hay nadie en los Cielos y en la Tierra que no se presente ante el Misericordioso como un siervo (Q 19:88-93).*

Aquí el tono es más negativo, con un rechazo total de la sola suposición de que se asigne un hijo a Dios. Nuestro traductor emplea el verbo significa "tomar", que corresponde bien al significado literal. Otros traducen libremente por "engendrar", pero con eso interpretan el texto con un cierto prejuicio. Para que el significado del verbo quede más claro, aunque resulte algo prolijo, copiamos los otros nueve versos que lo emplean en este contexto. Es útil leerlos teniendo en mente que se pueden aplicar al concepto politeísta de un dios que tiene un hijo.

> *Y pretenden que Dios ha tomado [اتَّخَذَ] para Sí un hijo. Glorificado sea, más bien, a Él Le pertenece todo cuanto hay en los Cielos y en la Tierra; todos son sumisos a Él (Q 2:116).*
>
> *Y di: «Toda la alabanza y la gratitud son para Dios Quien no ha tomado [لَمْ يَتَّخِذْ] a un hijo ni tiene copartícipe en la Soberanía, ni tiene un guardián frente a la necesidad y la debilidad (Q 17:111).*
>
> *Y para advertir a aquellos que dicen: «Dios ha tomado [اتَّخَذَ] un hijo» (Q 18:4).*
>
> *No es propio de Dios tomar [يَتَّخِذَ] ningún hijo. ¡Gloria a Él! Cuando decreta una cosa, solo dice: «¡Sé!», y es (Q 19:35).*
>
> *Pero algunos dicen: «El Compasivo ha tomado [اتَّخَذَ] para Sí un hijo». ¡Glorificado sea Él! Más bien, aquellos no son sino Sus siervos honrados (Q 21:26).*

Dios nunca ha adoptado [مَا اتَّخَذَ] a un hijo, ni hay deidad alguna junto con Él; si no, no cabe duda de que cada deidad habría buscado independencia absoluta con sus criaturas bajo su autoridad, y sin duda habrían intentado dominar una a la otra. Glorificado sea Dios, se halla absolutamente por encima de lo que Le atribuyen a Él (Q 23:91).

Él a Quien pertenece la soberanía de los Cielos y de la Tierra; y no ha adoptado [لَمْ يَتَّخِذْ] a ningún hijo, ni tiene algún copartícipe; y Él crea todas las cosas y determina su destino (Q 25:2).

Si Dios hubiera querido adoptar [يَتَّخِذَ] a un hijo, sin duda alguna habría podido elegir a cualquiera que quisiera de todo lo que ha creado. ¡Glorificado sea Él! Él es Dios, el Único, el Irresistible (Q 39:4).

Y que Él —ensalzada sea la majestad de nuestro Señor— no ha tomado [مَا اتَّخَذَ] ni consorte ni hijo (Q 72:3).

La última aleya indica que tampoco este verbo, implica generación, puesto que se aplica a tomar tanto consorte como hijo, al igual que habíamos visto con el primer verbo al comentar Q 6:100-101.

Lo que consideramos más significativo de esta larga lista de aleyas es que el verbo "tomar un hijo" o "adoptar un hijo" se está empleando como si Dios seleccionara una criatura para transformarla en su hijo. Esto es particularmente patente en Q 39:4, donde dice que si hubiera querido un hijo «*habría podido elegir a cualquiera que quisiera de todo lo que ha creado*», pero el mismo significado aflora en los demás.

Otro punto para destacar es que estas aleyas dan la impresión de que se entiende el hecho de tener un hijo como una necesidad, y por eso no cuadra con Dios, pues todo le pertenece, tiene poder sobre todo, no necesita a nadie con quien compartir su soberanía, etc. Aparentemente, tener un hijo sería compartir el poder con alguien, y Dios no lo necesita, es el único soberano.

El **tercer verbo** es empleado solo dos veces: ***walad*** (ولد). El significado es "dar a luz", al aplicarlo a la madre, y en un sentido más amplio, generar o engendrar. Pero el campo semántico se extiende también a un significado figurativo, como dar a luz o engendrar una idea. Sin embargo, hay dos razones que llevan a afirmar que no se usa aquí el significado alegórico. Una es que el sentido literal debería prevalecer ante la ausencia de indicaciones de un posible sentido metafórico. La otra es que contradeciría el uso del Corán en otros lugares de contexto similar. También esto concuerda con el uso general del Corán, que privilegia términos concretos respecto a los abstractos. En todo caso, estos dos versos son claramente distintos de los dos grupos anteriores:

Cuidado, es sin duda una de sus invenciones que dicen, «Dios ha engendrado [وَلَدَ]». Con toda certeza son mentirosos (Q 37:151-152).
No ha engendrado, ni ha sido engendrado [لَمْ يَلِدْ وَلَمْ يُولَدْ] (Q 112:3).

La primera diferencia con respecto a los anteriores es que no menciona hijo o hijos. En algunas traducciones del primero sí aparece, pero no está en el original. En ambos el verbo carece de objeto directo, es como una cualidad, la generación, que no sería propia de Dios. Y no hay ningún elemento que sugiera un significado figurado, sino que todo lleva a pensar en una generación física, que naturalmente es rechazada. La segunda aleya, por otra parte, emplea las formas activa y pasiva, componiendo una expresión que en la Sunna se convirtió en un modo habitual de referirse a Dios.

Con lo que hemos recogido sobre estos tres verbos tenemos material suficiente para sacar algunas conclusiones sobre el rechazo de la posibilidad de atribuir un hijo a Dios. Las podemos cristalizar en dos modos en que el Corán entiende ese rechazo:

- Uno entiende la generación de un hijo en un sentido puramente humano. Y es descartado atendiendo a las causas (Dios no tiene esposa) y a los efectos (no necesita ayuda ni un socio en el poder).

- La otra forma que se rechaza es seleccionar un hijo entre las criaturas. El verbo más usado en este contexto es *tomar* un hijo. Y esta posibilidad está también excluida porque Dios es el creador de todo y no necesita de nada.

Esto ilumina el significado de *hijo de Dios* que el Corán rechaza. El hijo sería un hombre nacido de una acción de Dios del tipo de la generación humana, o bien alguien nacido naturalmente que es elegido por Dios como hijo. El primer sentido encaja con la visión politeísta, también descartada en el Corán, de un dios con hijos e hijas. Las mitologías de dioses que tienen un comportamiento semi-humano son el mejor modo de captar el significado de *hijo de Dios* que el Corán rechaza. El segundo significado es también negado, pero esta vez por ser completamente inútil, pues Dios no necesita tomar un hijo para que le ayude.

Cabe preguntar si el contexto en el que se usan esas expresiones confirma que está advirtiendo a politeístas. La respuesta es que la gran mayoría de los pasajes confirman que se refiere a ellos. De los dieciséis citados, catorce están hablando directa o indirectamente de politeístas: el Corán principalmente los acusa a ellos y por eso concuerda con el concepto de hijo de Dios que está empleando. Este es el sentido original de las expresiones y así lo entienden quienes lo estudian en profundidad. Por ejemplo, refiriéndose a uno de esos versos («No ha engendrado, ni ha sido engendrado», Q 112:3), Samir Khalil, jesuita egipcio experto en islam, señala que «estaba originalmente dirigido a árabes paganos, pero (...) hoy, cuando se pronuncian esos versos, ningún musulmán piensa en paganos, sino que piensa en cristianos»[3]. Es un error que no se corresponde con el sentido original.

---

3. Samir, Khalil. 2008. 111 *Questions on Islam. On Islam and the West: A Series of Interviews Conducted by Giorgio Paolucci and Camille Eid.* Traduci-

Sin embargo, para completar la visión hemos de volver a las dos aleyas que se refieren a judíos y cristianos en este contexto (Q 9:30 y 4:171). Teniendo en cuenta el concepto de hijo de Dios que se aplica en el Corán, en esas dos menciones se entiende ahora que está advirtiendo de no aplicar el concepto mítico de un hijo de Dios por generación humana como lo hacen los politeístas. No consta que los judíos usaran esa expresión; los cristianos sí, pero en un sentido tan diverso que estarían de acuerdo con el Corán en rechazar esa mítica visión de un hijo de dios de corte politeísta.

Para ver más claras las diferencias, expondremos enseguida la visión cristiana, pero antes, conviene añadir algo de la *Sirah*, la biografía de Mahoma escrita por Ibn Ishaq. Ahí se relata que una delegación de Najrán, una tribu cristiana, fue a encontrarse con Mahoma. Al presentar ese encuentro el autor sintetiza lo que, a su entender, los cristianos creen sobre Jesús, y sobre el asunto que nos ocupa escribe: «Ellos argumentan que es hijo de Dios porque dicen que no tuvo padre conocido»[4]. La afirmación de que no tuvo padre humano es compartida por el Corán, que dice:

> *«Señor», dijo María, «¿cómo voy a tener un hijo si ningún mortal me ha tocado?». «Así es como será», él dijo, «Dios crea lo que Su Voluntad dicta; cuando decide algo, le basta decir «¡Sé!», y es* (Q 3:47).

Lo que Ibn Ishaq transmite es que por esa razón se le considera hijo de Dios, y lo confirma poco después, hacia el final del pasaje, donde Dios dice: «y si dicen, "Jesús fue creado sin varón" (interviniendo), yo creé a Adán de la tierra por el mismo poder sin varón ni mujer. Y era como Jesús: carne y sangre y pelo y piel»[5]. Esta

do por Wafik Nasry y Claudia Castellani. English ed. San Francisco: Ignatius Press, pg. 47.

4. Ibn Ishaq, *Sirat Rasul Allah*, p. 271.

5. Ibid., p. 276.

supuesta intervención de Dios no está en el Corán, pero hay una alusión en Q 3:59, donde aparecen palabras similares:

> *Jesús ante Dios se parece a Adán. Le creó de barro y a continuación le dijo, «¡Sé!» y es* (Q 3:59).

Para Ibn Ishaq, por tanto, el motivo por el que los cristianos creen que Jesús es hijo de Dios es que no tuvo un padre humano. Esta idea está detrás de la prohibición a los cristianos de decir que Jesús es el hijo de Dios. Pero es una idea falsa: esta no es *la razón* por qué los cristianos creen en Jesús como el hijo de Dios. Para aclararlo, nos detenemos ahora en la visión cristiana.

El "Hijo de Dios" y la "Palabra de Dios"

De acuerdo con la visión cristiana, el Hijo de Dios no ha tenido un inicio en el tiempo, existe con el Padre desde la eternidad, comparte la misma naturaleza divina y con Él (y el Espíritu Santo) es un solo Dios. El Padre y el Hijo son un solo Dios, el único Dios. El Padre es el origen del Hijo, pero no por generación humana o temporal. El Padre genera al Hijo eternamente y su relación no admite ningún sentido material de la palabra generar, sólo un sentido espiritual, metafórico respecto a la generación humana. En la sección sobre la Trinidad volveremos sobre estos puntos; aquí nos basta comprender que la expresión *Hijo de Dios* con estas características no es comparable ni compatible con la noción mítica de una religión politeísta, donde el hijo de un dios empieza a existir cuando nace de una relación de un dios con una diosa, o un ser divino con uno humano. La noción politeísta la rechazan tanto los cristianos como el Corán, mientras que la idea cristiana no la critica el Corán porque sencillamente no aparece en el libro.

En efecto, la noción cristiana de Hijo de Dios se gesta más allá del horizonte religioso simple y directo que encontramos en el Corán, se mueve en un plano distinto. Éste trata de las manifestaciones externas de Dios, negando que se le pueda conocer tal como es; los cristianos, en cambio, se refieren al ámbito de la intimidad divina, cómo es Dios en sí mismo. A este ámbito interior responde la relación Padre–Hijo. El cristianismo niega que el Padre y el Hijo sean solo dos modos de manifestarse Dios hacia fuera, pues su relación pertenece a la intimidad divina.

Pero los cristianos también defienden que, en un momento específico de la historia, el Hijo de Dios se hizo hombre, se hizo Jesús. Jesús es el Hijo eterno del Padre que, asumiendo una naturaleza humana en el seno de María, sin dejar de ser Dios, se hizo también hombre. Esto significa que Dios mismo tomó una naturaleza humana creada. El Corán insiste en la omnipotencia de Dios, su capacidad de hacer todo lo que quiere, y caería en contradicción si le negara el poder de tomar para sí una naturaleza creada sin perder la suya.

No hay duda que la Encarnación, que Dios asuma una naturaleza humana, resulta difícil de entender. Los cristianos necesitaron cuatro siglos, incluso compartiendo la misma fe, para encontrar una fórmula con la que todos pudieran estar de acuerdo, partiendo del trasfondo común de lo que Jesús hizo y enseñó.

Por eso es comprensible que el planteamiento resulte excesivamente abstracto para la mentalidad lineal y concreta que encontramos en el Corán. Lo máximo que podemos esperar es un esfuerzo por evitar malos entendidos o interpretaciones reduccionistas, rechazando, concretamente, la visión politeísta de un dios que tiene un hijo. Y esto es precisamente lo que encontramos escrito. El horizonte del Corán no está abierto a explicaciones teológicas de una paternidad y filiación espiritual y eterna, pero tampoco las niega.

Sin embargo, si para los cristianos la generación del Hijo no es humana, sino que emplean el término en un sentido alegórico para reflejar un aspecto de una realidad mucho más profunda, otros términos semejantes pueden ser más cercanos a las referencias coránicas. Concretamente, el Evangelio de Juan comienza hablando de "el Verbo" o "la Palabra", y en el Corán encontramos un eco de esta expresión aplicada a Jesús en tres suras distintas. Veamos estas tres referencias y después el mismo Evangelio.

Y cuando los ángeles dijeron: «María, Dios te da las buenas nuevas de una Palabra procedente de Él cuyo nombre será el Mesías, Jesús, hijo de María, altamente honrado en esta vida y en el Más Allá, y uno de los allegados a Dios» (Q 3:45).

El Mesías, Jesús, hijo de María, no era más que un Mensajero de Dios, y una Palabra Suya que transmitió a María y un espíritu procedente de Él (Q 4:171).

Ese era Jesús, el hijo de María, la palabra de verdad sobre la cual han dudado[6] (Q 19:34).

Aunque no sea esencial en nuestro razonamiento, el tiempo verbal original con que se refieren a Jesús las tres aleyas es presente, pues el verbo "ser" está ausente, y se omite sólo en el presente. Por eso, donde la traducción dice: *cuyo nombre <u>será</u> / no <u>era</u> más que / <u>era</u> Jesús;* sería más correcto decir: *cuyo nombre <u>es</u> / no <u>es</u> más que / <u>es</u> Jesús.*

Más importante es notar que a ningún otro profeta, ni siquiera a Mahoma, se le llama en el Corán "una palabra de Dios" ni "Su palabra", es algo exclusivo del profeta *Issa*. Además, la Sunna nos indica que esa identificación de *Issa* con la palabra de Dios era

---

6. Aquí hemos tomado una traducción más literal que la que estamos siguiendo.

de gran importancia para Mahoma. En diversos hadices encontramos una fórmula que resume la esencia de la fe islámica y que incluye esa afirmación, como vemos en este:

> *Narrado por 'Ubada: El Profeta dijo: «Si alguien testifica que nadie tiene derecho a ser adorado sino solo Alá, que no tiene socios, y que Mahoma es su Esclavo y su Apóstol, y que Jesús es el Esclavo de Alá y su Apóstol y <u>su palabra que otorgó a María</u> y <u>un espíritu creado por Él</u>, y que el Paraíso es verdadero, y el Infierno es verdadero, Alá lo admitirá en el Paraíso con las obras que había hecho, incluso si esas obras fueran pocas»* (Sahih Al-Bujari, 3435).

Esta sentencia nos ayuda a entender el significado de la expresión coránica «un espíritu procedente de él» mencionado en Q 4:171 porque afirma que es creado. Deberíamos, entonces, entender *espíritu* aquí como la parte spiritual del hombre. Por otra parte, la palabra de Dios es «otorgada a María», sugiriendo que esa palabra pueda ser preexistente y, en efecto, nunca se dice que la palabra de Dios sea creada. Por tanto, de acuerdo con el Corán y la Sunna, Jesús es al mismo tiempo alguien creado (esclavo, apóstol y un espíritu humano) y la preexistente palabra de Dios.

¿Cuál es la diferencia con la fe cristiana en este punto? El concepto del Corán no está elaborado, sólo insinuado, y subraya sobre todo la humanidad de Jesús, dejando abierta la interpretación de qué quiere decir con que es la Palabra de Dios. En el nuevo Testamento, en cambio, está desarrollado. En particular, el prólogo del Evangelio de Juan profundiza en las consecuencias de ser la palabra de Dios:

> *En el principio existía el Verbo, y el Verbo estaba junto a Dios, y el Verbo era Dios. Él estaba en el principio junto a Dios. Por medio de él se hizo todo, y sin él no se hizo nada de cuanto se ha hecho* (Jn 1:1-3).

Verbo refleja la influencia del latín *Verbum* que significa *Palabra*; por eso, otras traducciones emplean *Palabra* sin que altere su significado. Sin embargo, el Evangelio se escribió en griego y el término original era *Logos*, cuyo significado en este texto es más rico y no tiene equivalente en lenguas modernas. De hecho, existe otro término griego para *palabra* desde el punto de vista gramatical: *lexis*. ¿Cuál es, entonces, el campo semántico de *logos*? Tiene que ver con palabra, pero también con discurso hablado, orden, razón, sabiduría… Implica una racionalidad. Se suele usar *logos* para las leyes de la naturaleza y para la razón humana, como dos reflejos del *Logos* divino.

En la fe cristiana, ese *Logos* de Dios, su Mente, su Palabra se identifica con el Hijo de Dios. Dios lo concibe análogamente a como nosotros concebimos una idea y la manifestamos en palabras. El Padre engendra al Hijo en la eternidad y esta generación no ha de confundirse con una generación humana, es de otro orden.

Juan continúa un poco más adelante anunciando que ese *Logos* de Dios tomó la naturaleza humana y se hizo hombre, y ese hombre es Jesús.

> *Y el Verbo se hizo carne y habitó entre nosotros, y hemos contemplado su gloria: gloria como del Unigénito del Padre, lleno de gracia y de verdad. (…) la ley se dio por medio de Moisés, la gracia y la verdad nos han llegado por medio de Jesucristo. A Dios nadie lo ha visto jamás: Dios unigénito, que está en el seno del Padre, es quien lo ha dado a conocer* (Jn 1: 14.17-18).

Jesús es el mismo *Logos* eterno, que *estaba junto a Dios* y era *Dios*, que *se hizo carne*, tomó la naturaleza humana. En la intimidad de Dios, Él es la Palabra, el *Logos*, y en un momento concreto de la historia se hizo hombre, naciendo de una mujer, María.

No nació primero y después Dios lo tomó como hijo: eso es lo que el Corán rechaza y con él también la fe cristiana. El Evangelio de Juan nos dice que el hombre Jesús nace de María, pero existía antes de ella pues esa Palabra no tiene inicio. En este sentido, los cristianos están de acuerdo con el rechazo de un Jesús que se convierte en el hijo de Dios, lo que sucede es que el Hijo de Dios se convierte en hombre.

La fe cristiana puede hablar del *Hijo de Dios* o cambiar la expresión por el *Verbo* o *Palabra de Dios*: los matices varían, pero ambas expresiones reflejan un aspecto de la relación del Padre y el Hijo sin agotar nunca la realidad, que es mucho más profunda. En un diálogo con musulmanes el cristiano puede emplear la expresión *Palabra de Dios*, pues asegura un terreno común, mientras que *Hijo de Dios* tiene resonancias coránicas negativas.

La posición atribuida a Al-Gazali

En el libro ya mencionado atribuido a Al-Gazali, *La refutación excelente de la divinidad de Jesús a través del texto del Evangelio*, el autor asume el desafío de explicar el texto del prólogo de san Juan desde la perspectiva de la fe islámica.

Para empezar, explica su forma de entender el uso de "la Palabra" en los tres primeros versos del Evangelio de Juan:

Lo que ellos [los cristianos] llaman la persona del Hijo o del Verbo es la esencia de Dios considerada a la luz de un atributo cuya existencia depende de la existencia previa de otro atributo, como se nos presenta la Ciencia. En efecto, atribuir Ciencia a una esencia supone que primero se le ha atribuido la existencia de esa esencia[7].

7. Al-Gazali, *La refutación excelente de la divinidad de Jesús*, p. 47.

La persona del Hijo o del Verbo sería un atributo de Dios, en concreto la ciencia, que presupone el atributo de la existencia, que sería correspondiente al Padre. En su razonamiento, el Verbo de Dios ha de ser considerado como increado, pero después de discutir quién es la luz del mundo, continúa con la cita siguiente:

«Y el Verbo se hizo carne y habitó entre nosotros, y hemos visto su gloria». Es esencial aquí conocer cómo se usa esta expresión en copto para que podamos ver cómo se deslizaron en el error (…). El sustrato de esta frase es: «Woh Bisagi Af'er o Sarks». Lo que significa en copto: «Y la palabra hizo / dio forma a un cuerpo». Porque "Af'er" significa en copto: "hacer / formar". No hay duda acerca de esta etimología, pero la expresión adquiere así un significado muy claro, a saber, que el Conocedor que corresponde a la persona de la palabra, de quien se ha dicho que es Alá por estas palabras: «Y la palabra era Alá», este Conocedor, formó un cuerpo y habitó entre nosotros, y vimos su gloria, es decir, este cuerpo formado por Alá es Hadrat I'sa y es él quien apareció y cuya gloria hemos visto[8].

No está dispuesto a aceptar que Jesús (*Hadrat I'sa*) sea la Palabra, y para *demostrar* su postura, la carga de la prueba descansa en un verbo en copto, del que critica el significado que se le da en el Evangelio como *hacerse*.

¿Por qué recurrir a esta lengua? Sin duda es una traducción antigua, y tal vez la más cercana al original que podía conseguir, quizá con algo de ayuda en su estancia en Egipto. Pero el texto original del Evangelio está escrito en griego koiné, y en griego no hay ambigüedad en el significado de esa frase: "καὶ ὁ Λόγος σὰρξ ἐγένετο", significa *la palabra se hizo carne*. En la lengua original, no cabe la interpretación que hace el autor. Tal vez no tenía acceso

---

8. Ibid., pp. 50-51.

al texto griego o no tenía posibilidad de traducirlo al árabe; sea como fuere, la conclusión es errónea.

El siguiente párrafo hace pensar que tampoco él estaba totalmente seguro de su propia explicación, pues admite que puede haber quien no la comparta. En ese caso, afirma que la frase se ha de entender en un sentido metafórico:

Pero si quisiéramos poner fin a cualquier disputa, concédase que esta palabra tiene etimológicamente un doble significado, y que el contexto que la acompaña hace prevalecer el significado de "hacerse" sobre el de "formar", la respuesta a esta dificultad también sería clara. Tomando este sentido, ningún hombre razonable tendría la menor vacilación en desviar la palabra de su significado literal. De hecho, la palabra a la que se hace referencia al comienzo del capítulo fue declarada Dios en estos términos: «Y la palabra era Dios». ¡Cómo entonces podemos decir de Dios que se hizo carne![9].

Esta exclamación final es crucial: no admitirá nunca que Dios tomó una naturaleza humana. No niega solo que haya sucedido, sino que, a pesar de que para el Corán Dios lo puede todo, no puede haber hecho eso.

Su esfuerzo, entonces, se concentrará en buscar lo que llama un sentido alegórico no sólo aquí sino en todo pasaje donde la divinidad de Jesús esté en juego. La explicación final que da es:

El significado de las palabras: «Y el Verbo se hizo carne», sería por tanto que este Dios conocedor que fue designado como el Verbo, estaba desprovisto de corporeidad, pero que ahora esta designación ha pasado a un Conocedor dotado de corporeidad y que es el Mensajero de Alá[10].

9. Ibid., p. 52.
10. Ibid., p. 52.

Aunque conserva cierta relación, la frase es muy distinta del original. El sujeto ya no es la Palabra sino "el conocedor", el verbo ya no es "hacerse" sino "pasar", que deja de ser reflexivo, y el objeto directo pasa a ser una persona diferente, un hombre «que es el Mensajero de Alá». En otras palabras, si la frase original unía la Palabra con la carne, su interpretación busca precisamente lo contrario, la separación de esos dos elementos.

Es de interés la propuesta de este libro atribuido a Al-Gazali por diversos motivos. Por una parte, está considerando el Evangelio con la seriedad de un texto inspirado. Por otra, trata de encontrar otra interpretación que pueda ser aceptable dentro del marco islámico y muestra que puede estar de acuerdo con que la Palabra es Dios, pero no con que Jesús es el Hijo de Dios. En efecto, la Encarnación es la creencia cristiana por excelencia y la más difícil de aceptar. El intento de explicar el Prólogo de san Juan con categorías islámicas, al final, topa con el obstáculo de la Encarnación, y para evitarla necesita forzar la traducción del texto que está analizando.

Para un musulmán, el único modo de admitir la expresión *Hijo de Dios* es entendiendo que en el Corán sólo se rechaza en cuanto concepto politeísta. Pero pocos se dan cuenta de esta diferencia y, por eso, un cristiano que quiera mantener un diálogo con musulmanes será preferible que hable de Jesús como *la Palabra de Dios*, al menos hasta que se haya aclarado a qué se refiere la expresión *Hijo de Dios* en la fe cristiana y la diferencia con su uso en el Corán.

Textos del Nuevo Testamento que llaman a Jesús Hijo de Dios

La fe cristiana es la fe en Jesús y el Nuevo Testamento se centra en su vida y enseñanzas. Ahí se enraíza la expresión *Hijo de Dios* aplicada a Jesús, que es mucho más frecuente que *la Palabra de Dios*. Los pasajes del Evangelio son tan elocuentes que nos bastan esos cuatro libros para mostrar hasta qué punto son una base clara para llamar a Jesús *el Hijo de Dios*.

Si uno busca quién reconoce a Jesús como Hijo de Dios, el primer resultado es sorprendente: nueve veces son los demonios quienes le llaman con esa expresión. Algunas veces en forma condicional, como «*Si eres el hijo de Dios…*» (Mt 4:3 y 4:6). Otras con rabia: «*De muchos de ellos salían también demonios, que gritaban y decían: "Tú eres el Hijo de Dios"*» (Lc 4:41)[11].

Esto se podría considerar problemático si fueran las únicas referencias. Pero hay muchas más. Veamos algunas. El Ángel Gabriel le dice a María, sobre su hijo: «*Será grande, se llamará Hijo del Altísimo (…) el Santo que va a nacer será llamado Hijo de Dios*» (Lc 1:32.35). San Juan Bautista testifica sobre él con estas palabras: «*yo lo he visto y he dado testimonio de que este es el Hijo de Dios*» (Jn 1:34). Sus discípulos le llaman así en diversas situaciones (Cf. Mt 14:33, 16:16; Mc 1;1; Jn 1:49) entre las que destaca la de Marta: «*Sí, Señor: yo creo que tú eres el Cristo, el Hijo de Dios, el que tenía que venir al mundo*» (Jn 20:31). Incluso Jesús se aplica la expresión a sí mismo, ya sea ante el tribunal que lo juzga (Cf. Mt 26:63-64; Lc 22:70), o hablando en tercera persona: «*El que cree en él no será juzgado; el que no cree ya está juzgado, porque no ha creído en el nombre del Unigénito de Dios*» (Jn 3:18 y cf. 5:25, 11:4).

Estos pasajes bastarían para mostrar que los evangelios presentan a Jesús como Hijo de Dios. Pero, además, en los cuatro evangelios encontramos en labios de Jesús las palabras "mi Padre" referidas a Dios en 40 versos. No contamos aquí cuando dice "el Padre", pues podría considerarse que se refiere a la relación de Dios con todos los hombres o al menos con los discípulos, no de

---

11. Cf. también Mt 8:29; Mc 3:11, 5:7; Lc 4:3, 4:9, 8:28.

forma exclusiva. Bastan para hacerse una idea unos pocos ejemplos significativos:

Todo me ha sido entregado por mi Padre, y nadie conoce quién es el Hijo sino el Padre; ni quién es el Padre sino el Hijo y aquel a quien el Hijo se lo quiera revelar (Lc 10:22).

La relación Padre-Hijo es enteramente singular y profunda. Incluso si él enseña a sus discípulos a llamar Padre a Dios, el significado aplicado a sí mismo es único y por eso distingue, después de la resurrección, de este modo:

«*Ve a mis hermanos y diles: "Subo al Padre mío y Padre vuestro, al Dios mío y Dios vuestro"*» (Jn 20:17).

Subraya la diferencia entre *mi Padre* y *vuestro Padre*, y aquí no cabe duda que se está refiriendo a Dios. Pero no es sólo después de la resurrección. La identificación de *mi Padre* con Dios se encuentra en diversos pasajes, incluso hablando a un público amplio, como aquí:

Si yo me glorificara a mí mismo, mi gloria no valdría nada. El que me glorifica es mi Padre, de quien vosotros decís: "Es nuestro Dios" (Jn 8:54).

Jesús llama Padre a Dios de forma habitual y continua. Aunque enseña a los discípulos a tratarlo como Padre, aquí establece una diferencia clara: quien Jesús llama *mi Padre* es el que los hombres llaman *Dios*. Es más, la filiación respecto a Dios de los cristianos es una participación de la de Jesús y depende de ella, como encontramos en la carta a los Efesios donde dice: «Él nos ha destinado por medio de Jesucristo, según el beneplácito de su voluntad, a ser sus hijos» (Ef 1:5). Sólo unidos al que es Hijo por excelencia, los cristianos pueden llamar a Dios "Padre".

En los Evangelios, por tanto, encontramos que Jesús es llamado Hijo de Dios y que él mismo se lo aplica. Para completar el círculo, hay que resaltar que también Dios le llama *mi hijo* en dos ocasiones, que se reflejan en 6 lugares de los Evangelios. Las ocasiones son los dos momentos más importantes en que se oye una voz del cielo. El primero es en el río Jordán, después de su bautismo:

Bajó el Espíritu Santo sobre él con apariencia corporal semejante a una paloma y vino una voz del cielo: «Tú eres mi Hijo, el amado; en ti me complazco» (Lc 3:22; cf. Mt 3:17, Mc 1:11).

Aquí se le considera el Hijo, el amado, mostrando que es el único que puede ostentar ese nombre. Y lo mismo encontramos en la transfiguración en presencia de tres de sus discípulos:

Todavía estaba hablando cuando una nube luminosa los cubrió con su sombra y una voz desde la nube decía: «Este es mi Hijo, el amado, en quien me complazco. Escuchadlo» (Mt 17:5; cf. Mc 9:7, Lc 9:35).

Sin duda, los Evangelios presentan a Jesús como el Hijo de Dios que se ha hecho hombre sin perder su filiación. No es un hombre adoptado por Dios. Tampoco un dios nacido en el tiempo de otro dios. Es el Hijo eterno del Padre –Dios Hijo– que se involucra en la historia humana haciéndose hombre.

Conclusión sobre si Dios puede tener un hijo

Basándose en los evangelios los cristianos creen que Jesús es *el Hijo de Dios*, y esa filiación es entendida en un sentido espiritual, real y eterno que es opuesto a una generación humana. Pero la generación humana, biológica, es la única que el Corán rechaza al decir que Dios no puede tener un hijo, que coincide con la concepción politeísta que dominaba en La Meca en tiempos de Mahoma, que asignaba hijos e hijas a sus dioses. Esta es la idea que el Corán rechaza, y con ella refuta el politeísmo. Por tanto, el núcleo del problema es que la expresión *hijo de Dios* tiene dos significados distintos, uno el de la Biblia cristiana y otro el del Corán.

Por otra parte, en el Corán Jesús es llamado *la Palabra de Dios*, lo que resulta acorde con el Evangelio. Para los cristianos, esa *Palabra de Dios* puede también llamarse *Hijo de Dios*. Curiosamente, en árabe hay una expresión que facilita comprender ese paso de "palabra" a "hijo": "hija de los labios" (*bint alshafà*), que significa la palabra pronunciada. Análogamente se puede decir que el Hijo es la Palabra pronunciada por Dios, y por eso Jesús es llamado Hijo de Dios.

A modo de resumen, añadimos este esquema de lo expuesto sobre si Dios puede tener un Hijo:

— Tanto la Biblia como el Corán están de acuerdo en que Dios no tiene hijos por generación humana, biológica. Dios no necesita una esposa ni hijos.

— El verbo más frecuentemente usado –y rechazado– por el Corán en este contexto es *tomar un hijo* o *adoptar un hijo*, como seleccionando un hombre después de su nacimiento. Ambas religiones rechazan esa idea.

— La visión politeísta de un dios que engendra hijos e hijas es inaceptable para ambas escrituras. El Corán niega repetidamente y de distintos modos que dios tenga un hijo según esa concepción.

— Sólo en dos ocasiones el Corán advierte a cristianos –una de ellas también a judíos– de que Dios no puede tener un hijo (cf. Q 9:30 y 4:171). Sin embargo, en esos casos, usa el mismo concepto de un hijo de dios por generación biológica, humana como lo hacen los politeístas: está advirtiendo de no caer en el concepto mítico de un dios que tiene hijos e hijas.

— El significado de *Hijo de Dios* que defienden los cristianos es puramente espiritual y eterno, y está profundamente arraigado en los evangelios.

— En un libro atribuido a Al-Gazali, el autor trata de dar una interpretación diversa del prólogo de san Juan para señalar el error cristiano, pero ha de forzar el razonamiento. Además, deja de lado muchos otros pasajes que resaltan la filiación de Jesús respecto a Dios Padre.

— Cuando los cristianos dicen que el Hijo ha sido engendrado por el Padre, la palabra "engendrado" ha de entenderse en un sentido eterno y puramente espiritual.

— Para los cristianos, la Palabra existe desde la eternidad y se hizo hombre, Jesús, en el seno de María. Los estudiosos musulmanes no están de acuerdo, pero aceptan que Jesús es la palabra de Dios. Para ambas religiones Jesús es la *Palabra de Dios*.

— Los cristianos no tienen problema en la expresión, *la Palabra de Dios* aplicada a Jesús en lugar de *el Hijo de Dios*, lo cual puede ser útil en un diálogo con musulmanes mientras no se aclare que el significado de Hijo de Dios para los cristianos no es el mismo que se emplea en el Corán.

— Si la expresión *palabra de Dios* en el Corán sólo significara que Jesús habla en nombre de Dios, no está claro por qué no se aplica a Mahoma o a otros profetas. Tampoco sería fácil explicar por qué se aplica con el artículo definido, como la única *palabra de Dios*.

4

Jesús nunca dijo que fuera Dios

El Jesús del Corán nació de madre virgen, María, es llamado la palabra de Dios, realizó milagros y fue llevado al cielo por Dios. Fue un gran profeta y mensajero de Dios, el más importante después de Mahoma. Todo esto coincide con lo que los evangelios relatan. A veces, el Corán añade otros relatos no evangélicos, como este:

¡Oh Jesús, hijo de María! Recuerda Mi favor sobre ti y sobre tu madre, cuando te confirmé con el Espíritu de Santidad y le hablaste a la gente en la cuna y en tu madurez; y cuando te enseñé en relación con el Libro y la Sabiduría, y la Tora y el Evangelio; y cuando, con Mi permiso, moldeaste a partir del barro algo con la forma de un pájaro, luego soplaste en ello y se convirtió en un pájaro con Mi permiso; y cuando curaste al ciego de nacimiento y al leproso con Mi permiso; y cuando resucitaste a los muertos con Mi permiso (Q 5:110).

Que habló desde la cuna y que moldeó pájaros en barro y les dio vida son historias apócrifas que no tiene apoyo en el evangelio. Pero está claro que el islam acepta que Jesús tenía un especial don de Dios para realizar milagros, incluso resucitar muertos, un don que otros profetas, incluido Mahoma, no tuvieron.

La diferencia esencial es la afirmación cristiana de la divinidad de Jesús, rechazada por el islam. El Jesús que presenta el Corán es puramente humano, esta es la fe islámica y no tendría sentido discutirla porque es una cuestión de fe.

Lo que sí es objeto de debate es si está recogido en los evangelios que Jesús afirmó que era Dios. Algunos apologistas islámicos desafían a su público preguntando ¿dónde se encuentra en los evangelios que Jesús dice «Soy Dios, adoradme»? En parte es un modo retórico de plantearlo, pues no explican por qué habría de decir esa frase, pero tiene cierta base en el Corán y en las tradiciones posteriores.

Un problema adicional es que, si alguien respondiera citando pasajes de los evangelios, pueden objetar que han sido alterados y por tanto no son fiables. Pero, por un lado, son esos predicadores los que afirman que no está en los evangelios, y por otro, hemos aclarado que el Nuevo Testamento actual es el mismo que se conocía en tiempos de Mahoma y que no tienen diferencias sustanciales con los originales.

Empecemos por las razones islámicas y después afrontaremos la respuesta desde los evangelios.

El Corán y la Sunna

Dos aleyas están relacionadas con esta idea, una directa y otra indirectamente. En la primera, leemos:

> *Y cuando Dios dijo: «¿Jesús, hijo de María, eres tú aquel que le ha dicho a la gente: "<u>Tomadme a mí y a mi madre como deidades aparte de Dios</u>?", y él responderá: "¡Gloria a Ti! ¡A mí no me pertenece decir aquello a lo que no tengo derecho! Si lo hubiera dicho, Tú ya lo sabrías»* (Q 5:116).

Para un cristiano, la respuesta a si Jesús dijo: *tomadme a mí y a mi madre como deidades aparte de Dios*, sería también un rotundo ¡no! Los evangelios nunca presentan a la María como un dios y la visión cristiana es completamente ajena a la idea de Jesús como un dios distinto del Padre. En esto, el Corán no contradice la fe cristiana, si acaso fustiga una distorsión de esa fe a la que prestaremos más atención al hablar de la Trinidad.

La segunda aleya relacionada es indirecta ya que no afronta directamente si Jesús dijo o no que era Dios:

En verdad han caído en la incredulidad quienes dicen: «Dios es el Mesías, hijo de María», cuando el Mesías mismo proclamó: «¡Oh Hijos de Israel! Venerad a Dios, mi Señor y vuestro Señor» (Q 5:72).

En este texto resaltamos, en primer lugar, que la afirmación *Dios es el Mesías, hijo de María* no la emplean los cristianos. Parece aludir a la idea cristiana de la Encarnación, pero la fórmula está ausente de los textos cristianos y por buenas razones. Aunque la expresión *el Mesías (o Cristo) es Dios* responde a la fe cristiana, su viceversa resulta problemática, pues implicaría que la divinidad consistiría en ser el Mesías. La diferencia sería equivalente a la que se da entre las expresiones *Sócrates es hombre*, que resulta cierta, y *el hombre es Sócrates*, que no lo es. El riesgo de malinterpretar esa expresión hace que, de hecho, no se haya usado en ambiente cristiano, incluso cuando podría justificarse con la frase de san Pablo que en él –en Cristo– *habita la plenitud de la divinidad corporalmente* (Col 2:9-10).

En cualquier caso, la expresión que el Corán fustiga –*Dios es el Mesías, hijo de María*– no la emplean los cristianos.

La segunda frase de la aleya son unas palabras atribuidas a Jesús que terminan *mi Señor y vuestro Señor*, lo que resuena como un eco de: «subo a mi Padre y a vuestro Padre, a mi Dios y a vuestro

Dios» (Jn 20:17). El Corán no considera a Jesús como Dios, pero sí parece admitir una especial relación suya con el Señor, cuando la distingue de la que los demás tienen.

Estas son las dos únicas aleyas relacionadas con la cuestión de si Jesús dijo alguna vez que era Dios. Pero lo que niegan es que haya dicho *Tomadme a mí y a mi madre como deidades aparte de Dios* o la afirmación de que *Dios es el Mesías*. Hablando estrictamente, es algo diferente a la tradición de que Jesús no dijo nunca que fuera Dios.

Si buscamos textos explicativos en la Sunna, encontramos también muy poco, solo la insistencia que ya hemos indicado en que Jesús es el siervo de Dios, su Mensajero y su palabra. Esto se repite varias veces como uno de los puntos esenciales de la fe islámica, que es preciso aceptar para ir al paraíso, como vemos aquí:

> *Narrado por 'Ubada: El Profeta dijo: «Si alguien testifica que nadie tiene derecho a ser adorado sino solo Alá, que no tiene socios, y que Mahoma es su Esclavo y su Apóstol, y que <u>Jesús es el Esclavo de Alá y su Apóstol y su palabra que otorgó a María y un Espíritu creado por Él</u>, y que el Paraíso es verdadero, y el Infierno es verdadero, Alá lo admitirá en el Paraíso con las obras que había hecho, incluso si esas obras fueran pocas»* (Sahih Al-Bukhari, 3435).

Ser un esclavo (o siervo) de Dios se corresponde en pleno con la humanidad de Jesús y en el Antiguo Testamento Dios se refiere a veces al Mesías que había de venir como "mi siervo". La fe cristiana añade que es también Dios, pero su humanidad es completa.

En conclusión, podemos afirmar que el Corán y la Sunna no establecen que Jesús no dijo que era Dios, aunque la idea que transmiten de él es que no lo era, pues se considera meramente hombre.

Crítica de Al-Gazali al Evangelio

Afirmar lo que dijo o no dijo Jesús según el Evangelio, debería basarse en los textos evangélicos, pero en la tradición islámica hay pocos intentos estudiarlos. Conocemos ya uno de los más importantes, *La refutación excelente de la divinidad de Jesús a través del texto del Evangelio*, atribuido a Al-Gazali, que mencionamos a propósito de la cuestión sobre si Dios podía tener un hijo.

El libro dedica la mitad de un capítulo a analizar lo que llama «pasajes metafóricos relacionados con la Divinidad de Jesús»[1]. Esta es la parte central sobre el tema que nos ocupa. Ahí cita cuatro pasajes del Evangelio de Juan y otros dos de su primera carta[2]. Se trata de una selección de textos realizada con cuidado in favor de su tesis. Por ejemplo, cita dos frases del capítulo 17 del Evangelio de san Juan y, sin embargo, no menciona otros dos versos del mismo capítulo más importantes sobre el argumento. Se le nota cómodo dando un sentido metafórico a «que sean uno, como nosotros somos uno» (v. 22). Pero, en su perspectiva de un Jesús sólo humano, sería difícil explicar cuál era la gloria de Jesús antes de la creación según estos dos versos del mismo capítulo, que él omite:

Ahora, Padre, glorifícame junto a ti, con la gloria que yo tenía junto a ti antes que el mundo existiese (v. 5);
Padre, este es mi deseo: que los que me has dado estén conmigo donde yo estoy y contemplen mi gloria, la que me diste, porque me amabas, antes de la fundación del mundo (v. 24).

El autor busca significados metafóricos de otros tres pasajes. Uno es el prólogo del Evangelio de san Juan, que ya comentamos.

1. Al-Gazali, *La refutación excelente de la divinidad de Jesús*, pp. 12-21.
2. Los pasajes analizados son: Jn 10:30-36, 17:11, 17:17-22, 12:44-46; 1 John 4:12-14, 4:15.

Otro, Jn 8:56-58, en que Jesús dice que existía antes de Abraham, y que el libro interpreta diciendo que en la mente de Dios la decisión de enviar a Jesús ya estaba tomada antes de Abraham. Y el tercero es la contestación a Felipe de que quien le ha visto a él, ha visto al Padre (Jn 14:8-12); aquí explica que Jesús pudo decir eso porque mostró lo que el Padre quería[3]. Pero de ese capítulo también omite «Yo soy el camino y la verdad y la vida» (Jn 14:6), que comentaremos más adelante.

De nuevo, la cuidadosa selección de citas asegura el impacto en quien no conoce los evangelios, al tiempo que evita lo que podría resultar más problemático para su tesis.

Por su prestigio personal y por citar el Nuevo Testamento, la idea se dio por concluida y se difundió desde ahí. Un académico musulmán que afirme actualmente que, según el Evangelio, Jesús nunca dijo que era Dios se apoya en ese trabajo, lo conozca o no.

El Nuevo Testamento

Esas críticas atribuidas a Al-Gazali están en el origen de la declaración de que, según los Evangelios, Jesús no dijo nunca que era Dios. Pero, ¿es así? ¿No se encuentra esa afirmación de Jesús en los Evangelios?

Para un cristiano que se enfrenta a esa pregunta por vez primera puede resultar difícil recordar pasajes que den una respuesta neta. Jesús no afirmó inicialmente con claridad quién era, pues resultaba difícil de aceptar: la revelación de su identidad se realizó progresivamente. Sólo así los discípulos fueron preparándose para entender qué significa que un hombre sea Dios y creerlo. Por eso, tiene importancia estudiar cómo los discípulos entendían quién

3. Las dos últimas cuestiones las discute en pp. 55-61.

era Jesús, especialmente cuando se va acercando el final de su vida. En un segundo momento afrontaremos qué dice de sí mismo, tanto analizando el título que tomaba para sí –*hijo del hombre*– como con otras expresiones.

a. ¿Pensaban los discípulos que Jesús era Dios?

Los libros del Nuevo Testamento se escribieron en vida de algunos de los Apóstoles y otros discípulos que fueron testigos oculares. La autoridad de quienes habían convivido con el Maestro garantizaba que los relatos coincidían con su experiencia según sus recuerdos. Puede haber diferencias entre los evangelistas sobre puntos circunstanciales, pero en conjunto contienen los elementos esenciales de la experiencia de los primeros testigos y por tanto la fe cristológica de la primera generación de cristianos, entre los cuales un buen número selló su testimonio con la muerte.

Quizá una de las manifestaciones más profundas de esa fe sea el prólogo del Evangelio de san Juan. Es claro que Juan creía en la divinidad de Jesús cuando lo presenta como la Encarnación del Verbo –*Logos*, Palabra– de Dios, de quien ha dicho *el Verbo estaba junto a Dios, y el Verbo era Dios* (Jn 1:1). La expresión es fruto de una elaboración teológica de la verdad que trata de transmitir: que Jesús era Dios hecho hombre, y que *habitó entre nosotros*.

Este habitar entre los hombres hace eco a la profecía de Is 7:14 que habla de la concepción virginal de un niño que será llamado Enmanuel, que, como recuerda el Evangelio de san Mateo, *significa Dios con nosotros* (Mt 1:23).

Volviendo al Evangelio de Juan, esta vez al final, encontramos otra manifestación de la fe en la divinidad de Jesús. Después de la resurrección, Jesús se aparece al grupo de los apóstoles, pero Tomás, uno de ellos, no está presente, y al escuchar el relato de sus compañeros, no quiere creer. Ocho días después vuelve Jesús y la reacción de Tomás es decirle: «*¡Señor mío y Dios mío!*» (Jn 20:28). Es una de las afirmaciones más explícitas de reconocimiento de Jesús como Dios, que él mismo no corrigió, sino que aceptó y alabó como manifestación de fe.

Esta declaración se encuentra al final del proceso de comprensión de la identidad de Jesús, cuando se presenta ante ellos resucitado. Antes, los evangelios usan con frecuencia la expresión "Hijo de Dios", de la que hemos visto diversos ejemplos en la sección *Textos del Nuevo Testamento que llaman a Jesús Hijo de Dios* (p. 93 y ss.). Esa expresión en sí es ya una indicación de que Jesús es el mismo Dios como Hijo, pero después de la resurrección adquiere nueva fuerza.

En el resto del Nuevo Testamento, la fe en la divinidad de Jesús se presenta consolidada. Por ejemplo, Pablo invita a los Filipenses con estas palabras a imitar a Jesús:

> *Tened entre vosotros los sentimientos propios de Cristo Jesús. El cual, siendo de condición divina, no retuvo ávidamente el ser igual a Dios; al contrario, se despojó de sí mismo tomando la condición de esclavo, hecho semejante a los hombres* (Phil 2:5-7).

Ese ser *de condición divina* e *igual a Dios* no dejan lugar a duda sobre la mente de Pablo.

El mismo Pablo escribe a los Colosenses, afirmando la divinidad de Jesús dos veces. Primero habla de Jesús como el Hijo, diciendo que *Él es imagen del Dios invisible, primogénito de toda criatura*. En esta frase indica la preexistencia como primogénito; cabría entenderla como una criatura excelsa, pero después continúa:

> *Porque en él fueron creadas todas las cosas: celestes y terrestres, visibles e invisibles. Tronos y Dominaciones, Principados y Potestades; todo fue creado por él y para él. Él es anterior a todo, y todo se mantiene en él* (Col 1:16-17).

La sintonía con el prólogo del Evangelio de Juan es evidente y el papel del Hijo en la creación y su existencia anterior no deja lugar a dudas sobre la fe de san Pablo en la divinidad de Jesús.

El segundo texto de Colosenses es aún más enfático:

Porque en él habita la plenitud de la divinidad corporalmente, y por él, que es cabeza de todo Principado y Potestad, habéis obtenido vuestra plenitud (Col 2:9-10).

Está animando a los cristianos a confiar en Jesús, que les ha traído la plenitud. Y para eso, explica que Cristo es Dios, la *plenitud de la divinidad* está en Él. No es solo que haya recibido de Dios un poder divino, no, tiene en sí todo lo que es divino.

Para finalizar este recorrido por el Nuevo testamento, hemos elegido esta cita de la carta a los Hebreos que nos presenta quién es Jesús, con estas palabras:

Él es reflejo de su gloria, impronta de su ser. Él sostiene el universo con su palabra poderosa. Y, habiendo realizado la purificación de los pecados, está sentado a la derecha de la Majestad en las alturas (Hb 1:3-4).

Jesús es identificado con diversos aspectos de Dios para concluir con situarlo *sentado a la derecha de la Majestad*, que lo identifica con un modo de hablar de Dios mismo.

Como vemos, hay muchos modos en los que el Nuevo Testamento expresa la fe de los primeros cristianos en la divinidad de Jesús. Veremos más adelante qué encontramos sobre la Trinidad, pero aquí anticipamos que, reconociendo la divinidad del Hijo, empleaban maneras de hablar de él como Dios sin oponerse a la divinidad del Padre y del Espíritu Santo ni confundirlos. Vimos un reflejo de este esfuerzo en cuidar el lenguaje cuando hablamos de que el Corán rechaza la expresión *Dios es el Mesías, hijo de María* (Q 5:72). Los discípulos evitaban ese tipo de expresiones entendiendo que Jesús es Dios pero Dios no es *sólo* Jesús.

Alguien ajeno a la fe cristiana no creerá en la divinidad de Jesús, y en efecto, el Corán rechaza esa creencia. Pero no se puede negar que sus discípulos creyeron que Jesús era Dios. Mientras su Maestro enseñaba, se fue dando un proceso de aumento de fe en su persona, que culminó después de la resurrección. Después de la ascensión al cielo cualquier posible duda había desaparecido de sus mentes.

b. El título que Jesús eligió para sí: hijo del hombre

Imaginemos que alguien en nuestros días comenzara a decir que es Dios. La reacción natural de la gente sería tomarlo por loco o por blasfemo, pero nadie le creería. Lo mismo sucedería en tiempos de Jesús, y de hecho sucedió: lo tomaron por loco y la acusación de blasfemia fue la razón de su condena a muerte por parte del Sanedrín. Pero ése fue el último paso, después de su declaración oficial y definitiva. Porque Jesús fue poco a poco revelando quién era. Sabía que sus oyentes tendrían una natural resistencia a creer, y por eso no quiso comenzar su predicación diciendo que era Dios hecho hombre. Hubiera podido hacerlo de modo espectacular, mostrando su poder: provocando que la Luna explotara o destruyendo una montaña, por ejemplo. Pero la reacción de la gente habría sido de miedo, que era lo opuesto a lo que quería. Que Dios es omnipotente ya lo tenían claro, por eso con su predicación quería mostrar que es también misericordioso y que nos ama.

En efecto, en su vida no hubo hechos extraordinarios durante los treinta primeros años. Y cuando llegó el momento de presentarse al pueblo lo hizo gradualmente: predicando, curando enfermos, expulsando demonios, multiplicando los panes, etc. Sus milagros iban encaminados a mostrar la misericordia de Dios. En muy pocas ocasiones muestra algo más de su poder y lo hace únicamente ante los apóstoles para fortalecer su fe, pues debían convertirse en sus testigos. Esa es la finalidad al detener la tormenta, caminar sobre las aguas o transfigurarse ante tres de ellos.

En ese proceso, ¿cómo se refería a sí mismo? Los cuatro evangelios están de acuerdo en que la expresión que usaba era "el hijo del hombre", que en conjunto leemos en 78 ocasiones. En el Antiguo Testamento, y por tanto en la mente de los que le escuchaban, es una expresión polivalente. Se puede decir que es equivalente a ser un ser humano, pero con tres connotaciones: en la mayor parte de los libros bíblicos indica la debilidad de la condición humana; en el libro de Ezequiel, donde se usa 93 veces, es el modo en que Dios llama al profeta para confiarle una misión; y en Daniel se usa sólo dos veces, la segunda tiene un sentido semejante al del libro de Ezequiel, pero la primera está en el contexto de una visión:

Seguí mirando. Y en mi visión nocturna vi venir una especie de hijo de hombre entre las nubes del cielo. Avanzó hacia el anciano y llegó hasta su presencia. A él se le dio poder, honor y reino. Y todos los pueblos, naciones y lenguas lo sirvieron. Su poder es un poder eterno, no cesará. Su reino no acabará (Dan 7:13-14).

Esta visión habla de alguien que recibe el poder divino para siempre.

El título que Jesús se aplicaba a sí mismo podía tener la connotación de debilidad humana, que no molestaba a nadie, o bien la de profeta enviado por Dios, que podía molestar a algunos, pero no daba pie a una acusación. Pero también podía referirse al hijo del hombre de Daniel 7 y sus opositores lo sabían. Su declaración de que se aplicaba este tercer significado esperó hasta el momento más solemne posible, ante el Sanedrín, el órgano supremo del pueblo de Israel, siendo interrogado por el sumo sacerdote:

El sumo sacerdote le dijo: «Te conjuro por el Dios vivo a que nos digas si tú eres el Mesías, el Hijo de Dios». Jesús le respondió: «Tú lo has dicho.

Más aún, yo os digo: desde ahora veréis al Hijo del hombre sentado a la derecha del Poder y que viene sobre las nubes del cielo» (Mt 26:63-64; cf. también Mc 14:61-62 y Lc 22:69).

El impacto de esta afirmación en sus mentes queda reflejada en la respuesta:

Entonces el sumo sacerdote rasgó sus vestiduras diciendo: «Ha blasfemado. ¿Qué necesidad tenemos ya de testigos? Acabáis de oír la blasfemia. ¿Qué decidís?». Y ellos contestaron: «Es reo de muerte» (Mt 26:65-66).

Se aplica la visión de Daniel a sí mismo en su sentido fuerte, y queda sellado con la expresión tomada de los salmos de estar sentado a la derecha del Poder[4]. Entendieron que estaba diciendo que era Dios y, como no lo creían, lo condenan a muerte por blasfemia. Es de interés que, a parte de los tres evangelios sinópticos, la única vez que aparece esa declaración sobre Jesús en el Nuevo Testamento es cuando Esteban, frente al Sanedrín, dice «Veo los cielos abiertos y al Hijo del hombre de pie a la derecha de Dios» (Hch 7:56). Confirma la declaración de Jesús y también es ejecutado.

¿Por qué Jesús dijo eso? Sólo le preguntaban si era el Mesías, el hijo de Dios. Si no hubiera añadido la segunda parte, se podría haber considerado la expresión hijo de Dios en el sentido que entendían que el Mesías debería serlo. Entonces lo podrían haber acusado de impostor, pero no de blasfemia. En una ocasión anterior, por ejemplo, le querían apedrear y responde recordándoles el salmo 82:6 para mostrar que esa expresión era lícita:

¿No está escrito en vuestra ley: «Yo os digo: sois dioses»? Si la Escritura llama dioses a aquellos a quienes vino la palabra de Dios, y no puede

---

4. Cf. Ps 18:35; 20:6; 48:10; 89:1; 89:13; 110:1; 118:16.

fallar la Escritura, a quien el Padre consagró y envió al mundo, ¿decís vosotros: "¡Blasfemas!" Porque he dicho: «Soy Hijo de Dios»? (Jn 10:34-36).

Entonces no había llegado el momento de revelar su identidad profunda como Hijo de Dios; llegará en el interrogatorio solemne del Sumo Sacerdote ante el Sanedrín.

c. Otros modos en que Jesús manifestó su divinidad

El evangelio de Juan registra una expresión que Jesús empleó en diversas ocasiones. Es simple, pero suena extraña tanto en español como en el griego del texto original: "Yo soy", sin complemento. Pero sonaría aún más singular en hebreo o arameo, pues en las lenguas semíticas no se usa el verbo 'ser' en presente: al sujeto sigue el complemento[5]. En el contexto bíblico, el verbo "ser" en presente se asocia con el nombre de Dios, porque cuando Moisés pregunta por su nombre contesta: «Yo soy el que soy», y añade «dirás a los hijos de Israel "Yo soy" me envía a vosotros» (Ex 3:14). La expresión "Yo soy" es como Dios se refiere a sí mismo. Por este motivo, la extraña expresión de Jesús hace eco al nombre de Dios y se puede interpretar como una declaración de su divinidad. Las circunstancias en que Jesús la emplea refuerzan este sentido de modos diversos:

- *«Si no creéis que "Yo soy", moriréis en vuestros pecados». Ellos le decían: «¿Quién eres tú?»* (Jn 8:24-25).
- *Cuando levantéis en alto al Hijo del hombre, sabréis que «Yo soy»* (Jn 8:28).
- *«Antes de que Abrahán existiera, "yo soy"». Entonces cogieron piedras para tirárselas* (Jn 8:58).

---

5. Por ejemplo: "yo Jesús" o "yo nazareno", sin verbo. A veces se puede decir: "yo él", que se traduciría por "soy yo", pero tampoco entonces se usa el verbo.

- *Jesús, sabiendo todo lo que venía sobre él, se adelantó y les dijo: «¿A quién buscáis?». Le contestaron: «A Jesús, el Nazareno». Les dijo Jesús: «Yo soy». Estaba también con ellos Judas, el que lo iba a entregar. Al decirles: «Yo soy», retrocedieron y cayeron a tierra* (Jn 18:4-6).

En la primera cita la pregunta de "¿Quién eres tú?" puede entenderse como tratar de cambiar el sentido del "yo soy". Pero es más llamativa la reacción de la gente en las dos últimas, queriendo apedrearle o cayendo por tierra. Así, el sentido fuerte de esa expresión queda reforzado por el contexto.

Hemos mencionado que el capítulo 17 del evangelio de Juan contiene otras dos frases con que Jesús manifiesta su divinidad (p. 101). Las dos se refieren a la gloria "que yo tenía junto a ti antes que el mundo existiese" (Jn 17:5) y "...antes de la fundación del mundo" (Jn 17:24). Se sitúa fuera de la creación tanto en el sentido temporal –existencia previa– como del ser, pues considera su gloria por encima de toda criatura. En la eternidad, además, manifiesta haber tenido ya una unidad perfecta con el Padre.

Todavía hay otra afirmación fuerte de Jesús sobre su divinidad en la última cena con los apóstoles. Está hablando de que les va a dejar y emplea una metáfora diciéndoles que a donde va, ellos no pueden ir ahora, pero le seguirán más tarde, porque conocen el camino. El texto continúa:

Tomás le dice: «Señor, no sabemos adónde vas, ¿cómo podemos saber el camino?». Jesús le responde: «Yo soy el camino y la verdad y la vida. Nadie va al Padre sino por mí» (Jn 14:5-6).

¿Quién puede decir "Yo soy la verdad" sino solo Dios? En efecto, "la Verdad" es uno de los 99 nombres de Dios en el Corán: *al-Haqq*. Para un musulmán, solo Dios puede decir 'yo soy la Verdad', con el artículo determinado, pues es uno de sus nombres y equivale a decir "yo soy Dios".

Algo semejante sucede con la afirmación "yo soy la vida". ¿Quién puede decir que es la vida sino Dios? Y también encontramos en el Corán un nombre de Dios relacionado con éste: *al-Ḥayy*, que suele traducirse por el Viviente. También dijo lo mismo en el diálogo con Marta tras la muerte de Lázaro. Ya mencionamos la frase de Marta (Cf. p. 92), por lo que ahora resaltamos sólo lo que Jesús afirma:

Yo soy la resurrección y la vida: el que cree en mí, aunque haya muerto, vivirá; y el que está vivo y cree en mí, no morirá para siempre (Jn 11:25-26).

Sólo Dios puede decir «yo soy la resurrección y la vida». Una criatura puede resucitar un muerto en nombre de Dios, pero ningún hombre puede atribuirse ser la vida y menos la resurrección. Este es otro modo en que Jesús manifestó su divinidad.

Por otra parte, resulta esencial comprender bien los textos que retratan la humanidad de Jesús. Siendo a la vez hombre y Dios, hay muchas manifestaciones de su vulnerabilidad como hombre. Pero no contradicen su divinidad, solo son otros aspectos del misterio de la Encarnación de Dios. Compartió la naturaleza humana excepto el pecado con todos los hombres y experimentó sus limitaciones, pero es la segunda persona de la Trinidad y, por lo tanto, también Dios perfecto.

Conclusión sobre si Jesús dijo que era Dios

Esta síntesis del capítulo tiene dos partes: la primera sobre por qué los predicadores musulmanes afirman que no lo dijo y la segunda qué encontramos en los evangelios.

a. Por qué afirman que no dijo que fuera Dios

– Según el Corán, Jesús negó haber dicho «Tomadme a mí y a mi madre como deidades aparte de Dios» (Q 5:116), pero eso es compatible con decir que él –no su madre– era un solo Dios con el Padre.

– El Corán rechaza la frase «Dios es el Mesías, hijo de María» (Q 5:72). Y los cristianos tampoco la emplean, ya que podría ser malentendida, como si Dios fuera *solo* Jesús. Lo que sí es parte de la fe cristiana es que «el Mesías –Jesús– es Dios», pero esa no es la expresión que rechaza el Corán explícitamente.

– La Sunna añade que creer en Jesús como profeta es parte importante de la fe islámica.

– Por tanto, el Corán y la Sunna no niegan directamente que Jesús dijera que era Dios.

– Los musulmanes religiosos no creen que Jesús es Dios. Los cristianos sí, pero no en el sentido rechazado directamente en el Corán.

– El origen de la convicción de que no aparece en el evangelio que Jesús dijera que era Dios parece estar en el análisis de los evangelios realizado en un libro atribuido a Al-Gazali. El autor discute algunos textos para convencer a quien no conoce los evangelios, pero omite cuidadosamente otros que parece que no podía explicar desde una perspectiva islámica.

b. Según los evangelios, ¿dijo Jesús que era Dios?

– La revelación de su identidad fue progresiva. Se refería a sí mismo como "hijo del hombre" que en varios libros de la Biblia tiene un significado humano, pero una visión de Daniel lo aplica a alguien con poder divino.

- En el solemne momento en que es interrogado por el Sumo Sacerdote ante todo el Sanedrín, el órgano superior judicial, Jesús declaró que era Dios usando ese título en el sentido de Daniel. Lo acusan de blasfemia y condenan a muerte por ese motivo, y ante ese resultado no rectifica sus palabras.

- Ya antes, en tres ocasiones sus oponentes intentaron apedrearlo porque estaba hablando como Dios.

- Afirmó que existía antes que Abraham e incluso antes de la creación.

- Sabemos de cuatro ocasiones en que usó la expresión 'yo soy' sin complemento, que en hebreo se relaciona con el nombre de Dios según la Biblia.

- Afirmó ante sus discípulos «yo soy la verdad», aplicándose uno de los 99 nombres de Dios del Corán.

- También se aplicó otro nombre diciendo «yo soy la vida».

- En otra ocasión dijo «yo soy la resurrección y la vida», manifestando su divinidad, y lo demostró resucitando a Lázaro y resucitándose a sí mismo.

- Al principio sus discípulos no creían que fuera Dios. Fue un proceso que culminó después de la resurrección y se manifestó en el acto de fe de Tomás: «Señor mío y Dios mío».

- Los textos sobre la humanidad de Jesús no contradicen su divinidad porque es tanto Dios como hombre.

Las afirmaciones de que Jesús era Dios en los evangelios son tan sólidas y abundantes que todas las denominaciones cristianas lo creen. Quien carece de fe, lógicamente no lo aceptará, pero si lee los evangelios sin prejuicios admitirá que Jesús estaba convencido de que era Dios y lo afirmó de modos diversos. Su seguridad era tal que murió por sostener esa afirmación, y nadie muere por defender una falsedad o algo que no cree. También es claro que nunca afirmó que era sólo una criatura.

Aquí nos hemos centrado en qué dicen los textos. Explicar cómo Dios se ha hecho hombre es otra cuestión que no afrontamos aquí. Sin embargo, sí queremos subrayar que la dificultad de entender el misterio de la Encarnación radica en la limitación de nuestro entendimiento, no en el hecho en sí. Por eso no sería razonable restringir el poder de Dios a nuestras posibilidades de comprender su acción. Negar a Dios la capacidad de tomar la naturaleza humana va en contra de la insistencia del Corán en su omnipotencia y libertad. Por eso, la coherencia con el Corán no llevará a afirmar que Dios se ha hecho hombre, pero tampoco a decir que eso es imposible, pues sería negarle a Dios ese poder.

Ese misterio de la Encarnación de Dios para los cristianos está íntimamente relacionado con el de la Trinidad, que es la cuestión que afrontamos a continuación.

5

La Trinidad es como tres dioses y Dios es uno

La insistencia en la unidad de Dios es muy importante en la fe islámica desde antiguo. En el Corán se afirma reiteradamente que Dios es uno solo y único, lo que se designa como *tawhid*, y su negación se considera *shirk*, que puede traducirse por idolatría o politeísmo. Sin embargo, la defensa de la unidad de Dios se dirige hacia los politeístas, mientras que las posibles referencias a la Trinidad Cristiana son escasas y confusas. En conjunto, como veremos, del Corán y de la Sunna se deduce que Mahoma entendía que los cristianos creen en un solo Dios.

Tres religiones monoteístas

La declaración de fe de los concilios ecuménicos de Nicea (años 325 y 381) es aceptada por prácticamente todas las denominaciones cristianas y comienza con las palabras: «creo en un solo Dios» (o «creemos en un solo Dios», en otra versión). En los siglos previos, los cristianos tuvieron que defender su fe en un solo Dios ante politeístas, romanos y griegos, y sufrieron las consecuencias. Era tan importante para ellos que muchos perdieron la vida por defender la fe en un solo Dios, en contra de la religión de estado. Muchos mártires murieron por negarse a quemar incienso ante una imagen del emperador o de un ídolo, porque era reconocer otro dios. Por ironía de la historia, siglos después cristianos con la misma fe han sido acusados de idolatría por algunos seguidores del islam. Esta es una acusación seria que es preciso aclarar si se quiere mantener un diálogo entre cristianos y musulmanes.

El cristianismo heredó la fe en un solo Dios del judaísmo. La declaración de *Shema Israel* (escucha Israel), tomada de Deuteronomio 6:4-9, es la parte central de las oraciones de la mañana y de la tarde del judío devoto. Tiene un lugar especial en el judaísmo y comienza con una declaración de fe monoteísta:

«Escucha, Israel: El Señor es nuestro Dios, el Señor es uno solo. Amarás, pues, al Señor, tu Dios, con todo tu corazón, con toda tu alma y con todas tus fuerzas».

Y para subrayar la relevancia de esta afirmación, continúa:

«Estas palabras que yo te mando hoy estarán en tu corazón, se las repetirás a tus hijos y hablarás de ellas estando en casa y yendo de camino, acostado y levantado; las atarás a tu muñeca como un signo, serán en tu frente una señal; las escribirás en las jambas de tu casa y en tus portales».

Los israelitas tuvieron que defender esa fe en un solo Dios ante el politeísmo extendido entre los pueblos que les rodeaban, lo mismo que tuvieron que hacer los cristianos en su origen.

También la creencia central del islam es que hay un solo Dios, y exige de sus seguidores total sumisión. El Corán insiste en esa fe con afirmaciones como: «Vuestro Dios es un Dios Único; no hay más Deidad que Él» (Q 2:163), o «Dios no es sino un Único Dios» (Q 3:171). El entorno donde nació el islam era politeísta, similar en esto al que habían enfrentado judíos y cristianos. Mahoma tuvo que superar dificultades cuando empezó a predicar la fe en un solo Dios. Sin embargo, no fueron tan serias ni tan persistentes como en los inicios del cristianismo, pues no consta que hubiera musulmanes que perdieran la vida a causa de su fe monoteísta y la resistencia duró pocos años, no siglos. Cuando llegó el islam judíos y cristianos ya habían extendido la creencia en un solo Dios.

Las tres religiones, por tanto, están de acuerdo en afirmar que hay un solo Dios en contraste con otras creencias antiguas. Tuvieron que defender ese monoteísmo y sufrir por esa causa.

¿Cuáles son las tres personas que el Corán rechaza?

Comenzamos esta explicación con el verso del Corán que aparentemente rechaza con más contundencia la trinidad, advirtiendo sin embargo que las traducciones suelen depender de la interpretación que se le quiera dar:

> *¡Oh Gente del Libro! No traspaséis los límites de vuestra religión y no digáis acerca de Dios más que la verdad. El Mesías, Jesús, hijo de María, no era más que un Mensajero de Dios, y una Palabra Suya que transmitió a María y un espíritu procedente de Él. Por lo tanto, creed en Dios, en Sus Mensajeros y no digáis tres. Desistid —por vuestro propio bien—. Dios no es sino un Único Dios. Gloria a Él, está absolutamente por encima de tener un hijo. A Él pertenece todo cuanto hay en los Cielos y todo cuanto hay en la Tierra. Y Dios basta como Aquel en Quien confiar y a Quien han de remitirse los asuntos* (Q 3:171).

Hemos retocado un punto, pues el traductor, en lugar de *no digáis tres*, que refleja el original, escribe *no digáis: (Dios es) una trinidad*, que interpreta el texto libremente, siguiendo la idea extendida en la tradición musulmana. Si se toma el original, *no digáis tres* tiene un significado confuso, y no conviene precipitarse a dar la interpretación de que es una alusión a la fe cristiana en tres Personas. Para acercarse más a la mente del autor, hace falta leer este verso a la luz de otra aleya que ya hemos mencionado y que habla de tres, pero no se refiere a la Trinidad cristiana:

> *Y cuando Dios dirá: «¿Jesús, hijo de María, eres tú aquel que le ha dicho a la gente: "Tomadme a mí y a mi madre como deidades aparte de Dios?", y él responderá: "¡Gloria a Ti! ¡A mí no me pertenece decir aquello a lo que no tengo derecho! Si lo hubiera dicho, Tú ya lo sabrías»* (Q 5:116).

Según esta aleya, el *tres* de Q 4:171 son Dios, Jesús y María. Es decir, el Corán rechaza un grupo de tres dioses distintos incluyendo a María como uno de ellos. Pero cualquier cristiano rechazaría esa afirmación, pues es una burda y blasfema distorsión de su fe.

¿A qué puede referirse entonces? El contacto del cristianismo con religiones politeístas ha provocado en el pasado que María, la madre de Jesús, fuera considerada como una diosa por algunas religiones con tendencias sincretistas. Es algo totalmente opuesto a la fe cristiana, pero sucede incluso actualmente, por ejemplo, entre hindúes que viven en países con tradición cristiana. Y sucedió también en Arabia, en los siglos precedentes a la llegada de Mahoma. Ahí apareció el Colliridianismo, que un estudioso de la materia, McGrath, define como «una escuela herética dentro del cristianismo que se sabe que tuvo influencia en la región de Arabia en aquel tiempo. (…) Una de las características más distintivas es el trato de María como una diosa»[1]. McGrath continúa explicando que «las regiones geográficas en las que el Colliridianismo parece

---

1. McGrath, Alister E. 2009. *Heresy: A History of Defending the Truth.* New York, NY: HarperOne, p. 225.

haber florecido en el siglo quinto coincidían con aquellas asociadas con el culto de divinidades femeninas como Demetra y Rhea».

La advertencia del Corán introducida con «no traspaséis los límites de vuestra religión», se comprende como un eco de la condena que también los cristianos dirigieron a esa secta.

Esta explicación es compatible con otro verso que se refiere a "tres" en un contexto similar:

Sin duda alguna, también han caído en la incredulidad los que dicen: «Dios es el tercero de Tres», cuando no hay más deidad salvo que un Único Dios (Q 5:73).

Esa frase sólo puede tener origen en una religión politeísta, no en el cristianismo. En las tres aleyas consideradas, por tanto, lo que parece estar de fondo es la misma desviación del cristianismo en ámbito politeísta que veneraba diosas femeninas. En cambio, con el paso de los siglos y la desaparición del politeísmo, se han malinterpretado esos versos como si fueran contra la noción trinitaria de los cristianos. Este es el primer malentendido que es preciso aclarar si se quiere explicar en qué consiste la Trinidad a musulmanes religiosos.

Pero hay otro concepto en el Corán que requiere nuestra atención en este mismo contexto. El Corán rechaza que se **asocie** algo o alguien a Dios, o que se le atribuyan **socios**. Son dos expresiones que están relacionadas y que se consideran idolatría, como en este consejo de un hombre sabio llamado Luqman:

Luqman dijo a su hijo a modo de consejo e instrucción: «¡Mi querido hijo! No atribuyas copartícipes a Dios. Sin duda alguna atribuir copartícipes a Dios es un mal tremendo» (Q 31:13).

Las traducciones pueden variar bastante, pues la raíz de "asociar", de "atribuir socios" (o copartícipes) y de "idolatría" es la misma, sh-r-k (ش - ر - ك), de modo que las dos expresiones contienen el concepto de idolatría.

También aquí encontramos el mismo concepto:

Dios es Quien os crea, luego os sustenta, luego os hace morir, y luego os resucitará. ¿Acaso hay alguien entre los copartícipes que atribuís que hace cualquier cosa de eso? ¡Gloria a Él, y Él se halla infinitamente Ensalzado por encima de todo lo que Le atribuyen! (Q 30:40).

Los ídolos son los que *ellos* asocian a Dios, por lo que *ellos* han de ser politeístas. También la pareja protagonista de esta aleya, que había pedido a Dios un hijo sano, han de ser politeístas:

Mas cuando le concedió a la pareja un hijo sano empezaron a atribuir copartícipes a Dios con respecto a lo que les había otorgado. ¡Absolutamente ensalzado sea por encima de los copartícipes que Le atribuyen y todo lo que Le atribuyen como copartícipe! (Q 7:190-191).

No hay posible aplicación de este concepto a la fe cristiana. El Corán considera la idolatría *un pecado atroz* (Q 4:48), lo mismo que la Biblia. La idea de *asociación* rechazada por el Corán es politeísta, al igual que lo era el concepto coránico que ya exploramos de *hijo de Dios*.

Queda la pregunta de si esos socios o copartícipes son reales o pura invención de los hombres. Hay una aleya que lo aclara y que confirma sin lugar a dudas que se está hablando de politeístas, que *inventan para Él hijos e hijas*:

Consideran a <u>los genios</u> como copartícipes de Dios, a pesar de que Él les ha creado y, sin conocimiento alguno, inventan para Él hijos e hijas. ¡Gloria a Él, Quien absolutamente se halla ensalzado por encima de lo que atribuyen! (Q 6:100).

Los *genios* aquí mencionados, llamados en árabe *jinn*, son unas criaturas muy presentes en la tradición islámica, intermedios entre los hombres y los ángeles o demonios. Si los hombres vienen de la tierra y los ángeles del aire, los *jinn* proceden del fuego y protagonizan muchas historias en la literatura árabe. Los hay malos, pero también hay buenos, como se muestra en estos primeros versos de la surah "Al-Jinn":

Di: «Me ha sido revelado que un grupo de genios prestó atención, luego dijeron: "En verdad hemos escuchado un Corán maravilloso, Que guía hacia lo que es correcto en la fe y la acción y por lo tanto hemos creído en él; y nunca asociaremos copartícipes a nuestro Señor"» (Q 72:1-2).

Resulta de interés que el desarrollo del cristianismo en un entorno politeísta consideraba los ídolos de los paganos como demonios, el tipo de criatura más cercano a los *jinns* malos en la mente judeo-cristiana. Entre otros textos, encontramos este de san Pablo que recuerda lo que vemos en el Corán:

¿Qué quiero decir? ¿Que las víctimas sacrificadas a los ídolos son algo o que los ídolos son algo? No, sino que los gentiles ofrecen sus sacrificios a los demonios, no a Dios; y no quiero que os unáis a los demonios (1 Cor 10:20).

Finalmente, en coherencia con lo dicho hasta aquí, hay una aleya que aclara que el Corán no considera a los cristianos como politeístas:

Di: «Oh Gente del Libro, convenid a una palabra común entre nosotros y vosotros: Veneremos únicamente a Dios, sin atribuirle copartícipe alguno y no nos tomemos unos a otros por señores en vez de Dios» (Q 3:64).

El subjuntivo de la traducción quizá mitiga un poco el sentido del tiempo imperfecto árabe, que señala una acción en curso no terminada. Es decir, que no es una propuesta de futuro sino una realidad presente proyectada al futuro. Por eso, este verso por sí solo sería suficiente para comprender que judíos y cristianos (la *gente del libro*), no son considerados idólatras por el Corán.

Por tanto, el Corán no identifica la Trinidad con asociar alguien a Dios, que más bien corresponde a una mentalidad politeísta. Aunque hablando a cristianos, como hemos visto, sí advierte de que han de evitar la contaminación del entorno politeísta (cf. Q 4:171 a la luz de Q 5:116).

Para confirmar que "tres" en Q 4:171 no se refiere a la Trinidad cristiana sino a una herejía idolatra, examinaremos ahora la Sunna.

El número tres en la Sunna

El hecho de que no haya mención de la Trinidad cristiana en la Sunna, corrobora que las pocas indicaciones que hemos visto en el Corán no son acusaciones de idolatría hacia el cristianismo. Si lo fueran, las tradiciones de Mahoma habrían dejado alguna huella de rechazo. Por su forma de ser, cuando algo le disgustaba lo hacía saber sin términos medios. Quizá el ejemplo más claro de ese rasgo de su carácter es su rechazo de la cruz. Cuenta Aisha que no permitía objetos con forma de cruz en la casa[2], y otros testimonios aseguran que, a la hora de orar, prohibió formar una cruz con los brazos[3] o con los dedos[4].

Si hubiera tenido una aversión al número tres por causa de la Trinidad, cabría esperar una actitud similar como con la cruz. Pero la Sunna nos dice precisamente lo contrario: tenía una par-

---

2. Cf. Sunan Abi Dawud 4151; grado Sahih (Al-Albani).
3. Cf. Sunan Abi Dawud 903; grado Sahih (Al-Albani).
4. Cf. Sunan Abi Dawud 562; grado Sahih (Al-Albani).

ticular atracción por el número tres. Por ejemplo, solía «echarse agua sobre la cabeza tres veces»[5], «ayunar tres días cada mes»[6], «beber agua en tres tragos»[7] y, cuando saludaba a alguien «solía saludarlo tres veces, y si decía una frase la repetía tres veces»[8]. Ciertamente esas son acciones banales, pero vemos lo mismo con relación a la religión; por ejemplo, decía que «si un musulmán muere y rezan sobre él tres filas de musulmanes, le aseguran el paraíso»[9]; cuando entró en La Meca, «caminó rápidamente alrededor de la piedra negra hasta que completó tres vueltas»[10] (después continuó otras cuatro lentamente); fue a un entierro y en «la tumba echó tres puñados de tierra hacia la cabeza del muerto»[11], etc.

Otras acciones pueden ser más significativas, como su modo de hacer las purificaciones para orar, pues solía «realizar la ablución (purificación para la oración) lavándose cada miembro [manos, boca, nariz, cara, brazo y hombro derecho, brazo y hombro izquierdo, pie derecho, pie izquierdo] tres veces»[12].

Y todavía más emblemáticas estas tradiciones sobre la oración: «solía permanecer en su inclinación y en su postración lo que se tarda en decir las palabras "Gloria a Alá y alabanza a Él" tres veces»[13], y «terminaba sus oraciones diciendo "Gloria al Soberano, el Santísimo" tres veces»[14]. Desde tiempos antiguos los cristianos proclaman la Gloria de Dios tres veces, por la Trinidad de Per-

5. Sahih al-Bujari 255.

6. Sunan an-Nasa'i 2415; grado Hasan - Darussalam.

7. Ash-Shama'il Al-Muhammadiyah 209; grado Sahih - Zubair `Aliza'i.

8. Sahih al-Bujari 6244.

9. Mishkat al-Masabih 1687.

10. Sahih Muslim 1263 a.

11. Mishkat al-Masabih 1720.

12. Sunan Ibn Majah, Book 1, Hadith 452; grado Sahih - Darussalam.

13. Sunan Abi Dawud 885; grado Sahih - Al-Albani.

14. Sunan an-Nasa'I 1699, 1729, 1732-1734, 1736, 1740, 1741, 1751-1753. Todos son de grado Sahih (Darussalam).

sonas. Lógicamente las razones de Mahoma para proclamar tres veces la Gloria de Dios al acabar su oración serían otras, pero si considerara la Trinidad cristiana una amenaza para la unidad de Dios ¿habría continuado con esa costumbre?

Parece claro que la expresión «no digáis tres» de la aleya 4:171 era únicamente un aviso de no caer en la idolatría de la secta que hemos mencionado, no una condena de la Trinidad. No hay ningún indicio de que Mahoma considerara idólatras a los cristianos y muchas indicaciones de que sabía que creían en un solo Dios.

Formas plurales sobre Dios en el Corán

Aunque no tenga directa relación con la Trinidad, es interesante saber que el Corán deja entrever una cierta pluralidad en la forma de hablar de Dios. Es frecuente que hable en plural, pero hay dos formas distintas.

a. Plural mayestático

Consiste en que quien habla emplee pronombres y verbos en la primera persona del plural para referirse a sí mismo. Ese plural lo emplea Dios con frecuencia en el Corán, mostrando su majestad, y no tiene particular dificultad de comprensión. Por ejemplo:

> *Y así encontraron a uno de Nuestros siervos al que le habíamos concedido una misericordia procedente de Nosotros y al que habíamos enseñado un conocimiento especial desde Nuestra Presencia* (Q 18:65).
> *No cabe duda de que somos Nosotros Quienes resucitaremos a los muertos; y registramos lo que adelantan y lo que dejan atrás. Todo hemos registrado y guardado en un Registro Manifiesto* (Q 36:12).

Las aleyas que usan esta forma son abundantes y subrayan la dignidad de Dios.

b. Plural simple

Sin embargo, en unas pocas ocasiones este plural mayestático se transforma en plural simple. Ya no sólo van en plural pronombres y verbos, sino que también hay sustantivos. Este uso es más difícil de explicar, pero no es frecuente. Al menos, aparece en estos tres versos, donde la última palabra también se aplica a Dios:

*Sin duda somos Nosotros, Nosotros Quienes hemos hecho descender el Recordatorio en partes y en verdad somos Nosotros **sus** Guardi**anes*** (Q 15:9).
*Sin duda, también somos Nosotros, Nosotros Quienes damos la vida y causamos la muerte, y somos Nosotros **los** Hered**eros*** (Q 15:23).
*¿Sois vosotros quienes lo crean, o somos Nosotros **los** Crea**dores**?* (Q 56:59).

Las tres aleyas comienzan con el plural mayestático, pero se terminan con un plural simple. En las traducciones con frecuencia pasan la última palabra al singular, para evitarse problemas. En la que estamos siguiendo sólo se traduce en plural el segundo ejemplo, mientras que los otros dos traducen "el guardián" y "el creador". Incluso en el tercero hay una nota del traductor que dice: «El uso de la forma plural del pronombre y el verbo para el Ser Divino es para reforzar Su Grandeza y dominio absoluto sobre la creación». Llama la atención que no diga que también el sustantivo está en plural, y que en la traducción lo oculte. Sin duda resulta problemático y prefiere limar esa aspereza en su traducción.

La hipótesis de un error no sería aceptable para un musulmán religioso, pues ve el Corán como un libro perfecto libre de errores y fallos. La explicación de que se refiere a Dios con los ángeles no cuadra, porque las acciones como hacer descender el Corán, dar la vida, causar la muerte y crear, son exclusivas de Dios. La única opción que queda es aceptarlo como una ligera indicación de una cierta pluralidad en Dios que no entra en contradicción con la unidad del Uno y único Dios. Y esto coincide con la visión cristiana.

La Trinidad según un texto atribuido a Al-Gazali

Cuando estudiamos la discusión atribuida a Al-Gazali sobre el prólogo del Evangelio de Juan (cf. p. 88), nos limitamos a cómo entiende «el Verbo se hizo carne». Ahora podemos también exponer su comprensión de la Trinidad cristiana en ese contexto.

Sostienen [los cristianos] que la esencia del Creador es una en su sustrato pero que tiene diferentes aspectos.

Y después de algunas explicaciones más, concluye:

El Padre, por tanto, incluye la noción de existencia, la palabra o el Hijo la de Conocer, el Espíritu Santo el hecho de que sea conocida la esencia del Creador. Este es el contenido de esta terminología. La esencia divina sería por tanto Una en su sustrato, pero calificada por cada uno de estos atributos[15].

Por tanto, entiende que la Palabra es Dios como Conocedor y el Espíritu Santo es Dios como Conocido. La fe cristiana acerca del Espíritu Santo es diferente, porque considera que es Dios en cuanto Amor no como Conocido. Pero, en todo caso, el autor parece aceptar que la Palabra y el Espíritu de Dios pueden ser considerados Personas. Este punto no está explícito en el Corán, pero es compatible con él, aunque la mayoría de los teólogos musulmanes lo rechazarían.

15. Al-Gazali, *La refutación excelente de la divinidad de Jesús*, pp. 47-48.

Esta conclusión no significa que el autor esté de acuerdo con la fe cristiana. Pero podemos decir que está dispuesto a aceptar que en la esencia de un solo Dios se hable de tres Personas como tres atributos de Dios. En cambio, como vimos, rechaza categóricamente que el Verbo eterno se hizo hombre en Jesús.

La Trinidad en la Biblia y en la fe cristiana

Hasta aquí hemos expuesto alusiones a la Trinidad cristiana en escritos islámicos, tratando de subrayar que en la mente de Mahoma y en el Corán no había duda de que los cristianos adoraban un solo Dios, sin plantearse cómo es compatible con la Trinidad de personas. Para completar este apartado, es preciso exponer algo más de la fe cristiana sobre este punto, según su fundamento bíblico.

En el Antiguo Testamento, podemos encontrar algunas pistas sobre la Trinidad, pero no cabe esperar una declaración clara. Por ejemplo, además del plural mayestático (por ej., «Hagamos al hombre...» en Gn 1:26), algunas veces la Biblia usa para Dios un nombre o adjetivo en plural, análogo a las expresiones que vimos del Corán, como aquí: «Que Israel se regocije en sus *Hacedores*» (Sal 149:2), o «Porque tus *Hacedores* [son] tus *maridos*, el Señor de los Ejércitos es su nombre, el Santo de Israel es tu Redentor» (Is 54:5)[16].

Otra alusión, quizá la más clara, es este texto de Isaías:

Escúchame, Jacob; Israel, a quien llamé: yo soy, yo soy el primero y yo soy el último. Mi mano cimentó la tierra, mi diestra desplegó el cielo (Is 48:12-13).

16. En ambos casos, la traducción que seguimos –como la mayoría– escribe en singular las palabras que reproducimos en cursiva, pero el original hebreo es plural.

Aquí, el sujeto es Dios, quien continua más adelante:

Acercaos a mí y escuchad esto: «Desde el comienzo no he hablado en el secreto y desde que todo esto sucede, allí estoy yo». Y ahora el Señor Dios me envía a mí y a su Espíritu (Is 48:14-16)[17].

El Señor Dios (en el original, "el Señor Yahvé"), la voz que habla y el Espíritu de Dios son tres sujetos con características divinas.

Esas señales no son definitivas, más bien anticipan la revelación de la Trinidad del Nuevo Testamento. Ya hemos explorado algunas citas sobre el Hijo de Dios en el apartado «Textos del Nuevo Testamento que llaman a Jesús Hijo de Dios» (cf. p. 91), que más tarde completamos con «c. Otros modos en que Jesús manifestó su divinidad» (cf. p. 109). La abundancia de referencias no deja lugar a dudas sobre Jesús como Hijo de Dios Padre.

Nos queda examinar qué dice el Nuevo Testamento sobre el Espíritu Santo, y lo primero que destacamos es la relación con el amor de Dios que se muestra en la carta a los Romanos:

El amor de Dios ha sido derramado en nuestros corazones por el Espíritu Santo que se nos ha dado (Rom 5:5).
Por nuestro Señor Jesucristo y por el amor del Espíritu, os ruego, hermanos, que luchéis conmigo rezando a Dios por mí (Rom 15:30).

El Espíritu Santo derrama el amor en los creyentes en el primer verso y en el segundo el amor es su característica esencial. El evangelio de san Juan va más allá, pues ese Espíritu Santo actúa como persona que consuela (paráclito), recuerda y enseña:

---

17. Hemos cambiado ligeramente las últimas palabras de la traducción, pues interpreta el original. En lugar de «me envía a mí y a su Espíritu» traduce «me envía a mí con su fuerza». Sin embargo, en hebreo es claro que dice «y a su Espíritu».

El Paráclito, el Espíritu Santo, que enviará el Padre en mi nombre, será quien os lo enseñe todo y os vaya recordando todo lo que os he dicho (Jn 15:26).

Es el Espíritu de verdad que vive en los apóstoles y que da testimonio de Jesús:

Yo le pediré al Padre que os dé otro Paráclito, que esté siempre con vosotros, el Espíritu de la verdad. El mundo no puede recibirlo, porque no lo ve ni lo conoce; vosotros, en cambio, lo conocéis, porque mora con vosotros y está en vosotros (Jn 14:16).
Cuando venga el Paráclito, que os enviaré desde el Padre, el Espíritu de la verdad, que procede del Padre, él dará testimonio de mí (Jn 15:26).

Su acción está ligada a la Encarnación del Verbo (cf. Lk 1:35), al poder de perdonar los pecados (cf. Jn 20:21-23) y dio a los discípulos la fuerza de anunciar el Evangelio en Pentecostés (cf. Hch 2) y de abrir el anuncio a los gentiles (cf. Hch 10).

En esta lista telegráfica, el Espíritu Santo, amor de Dios, emerge como entidad personal con poderes divinos y en estrecha relación con el Padre y el Hijo. Y los primeros cristianos entendieron que esa Trinidad de Personas no es sino el único y mismo Dios. De ahí la fórmula del bautismo transmitida en el Evangelio por Mateo:

Id, pues, y haced discípulos a todos los pueblos, bautizándolos en el nombre del Padre y del Hijo y del Espíritu Santo (Mt 28:19).

La Trinidad de personas en la intimidad de Dios es tan esencial a la fe cristiana como la unidad del único Dios. Se infiere del Nuevo Testamento y es compatible con el Antiguo.

Para entender un poco más cómo la unidad de Dios es compatible con las tres Personas, podemos apoyarnos en una de las analogías que propuso san Agustín. Refiriéndose a la mente humana, que puede conocer y amar, escribe:

> *Así como cuando la mente se ama a sí misma, la mente y su amor son dos, lo mismo cuando se conoce a sí misma, la mente y su propia idea son dos. Por lo tanto, la misma mente, su amor y su idea son tres, y estos tres son uno; y si son perfectos, son iguales*[18].

Más tarde, explica que cada uno, además de estar presente para sí mismo, está en el otro:

> *Pero también están en el otro porque la mente que ama está en el amor, el amor en la idea del que ama, y la idea en la mente que conoce*[19].

Y concluye:

> *Entonces, hay una especie de imagen de la Trinidad en la mente misma, su idea, como su hijo y su palabra, y el amor como el tercero, y estos tres son uno y una sustancia*[20].

Vimos que el texto atribuido a Al-Gazali entiende el Espíritu Santo como Dios en cuanto conocido (Cf. p. 126). Para san Agustín es el Amor de Dios, lo que responde fielmente al Nuevo Testamento. De hecho, para entender la revelación de la Trinidad, hace falta comprender que la esencia de Dios es el amor, como asegura la primera carta de san Juan:

> *Quien no ama no ha conocido a Dios, porque Dios es amor. (…) Dios es amor, y quien permanece en el amor permanece en Dios y Dios en él* (1 John 4:8.16).

18. Augustinus, Aurelius, «De Trinitate», in *Patrologia Latina (PL)*, Edited by J.-P. Migne, 1845, vol. 42, p. 963.
19. Ibid., p. 965.
20. Ibid., p. 972.

El amor es la única fuerza capaz de mantener a tres personas tan unidas que estén de acuerdo en todo, actúen como uno y sean uno.

Pero también la revelación de la esencia de Dios como amor estaría incompleta sin la revelación de la Trinidad porque Dios sería un ser solitario que necesitaría amar; sólo si tiene una comunidad de amor en su intimidad puede ser al mismo tiempo amor esencial y autosuficiente. La creación, entonces, se comprende como una acción libre para compartir su vida amorosa.

Esta última idea explica la dificultad en la mentalidad musulmana religiosa para considerar el amor como un atributo de Dios. El *wahid*, o la unicidad de Dios, es tan fuerte en la visión islámica que no puede amar porque eso crearía en él una dependencia; necesitaría de alguien a quien amar.

Quizás la consideración de que Dios es amor sea la diferencia más profunda entre las religiones islámica y cristiana. En una ocasión, me comentó una mujer cristiana de Jerusalén que habían venido dos obreros a su casa para hacer una reparación. En un parón, la querían convencer de que se hiciera musulmana. Les comentó que estaba muy contenta de ser católica y de entender que Dios nos ama, y que eso no lo veía tan claro en el Corán. Cambiaron de tema porque no sabían bien qué responder, pues no tenían la percepción de Dios como amor.

Conclusiones sobre la Trinidad

De todo lo dicho, podemos concluir lo siguiente:
- Dios es uno tanto para el Corán como para la Biblia.
- El Corán reprende cualquier tipo de idolatría como uno de los peores pecados y lo mismo encontramos en la Biblia.

- El entorno en el que el Corán rechaza la idolatría es siempre politeísta.

- Cuando el Corán plantea inquietudes sobre la idolatría en un contexto cristiano, es una advertencia para evitar puntos de vista politeístas, no una condena de la fe cristiana genuina.

- Cuando el Corán afirma «no digas tres», no está condenando a la Trinidad, sino dando una advertencia ante una desviación de la verdadera fe en la Trinidad, introducida por «no exageres». Y sabemos que hubo una herejía politeísta condenada por los cristianos, que consideraba a María como una diosa.

- Mahoma solía terminar sus oraciones diciendo, «Gloria al Soberano, el Santísimo» tres veces.

- El rechazo de «asociar» otros con Dios se refiere a los politeístas, y se dice explícitamente que los socios serían genios malignos.

- En el Corán, hay rastros de pluralidad cuando se refiere a Dios como los guardianes, los creadores o los herederos.

- Un texto atribuido a Al-Gazali explica su comprensión de la Trinidad con alguna diferencia respecto a la fe cristiana, pero se acerca bastante.

- Para el Corán y para el nuevo Testamento Jesús es la palabra de Dios y está inspirado por el Espíritu.

- La fe cristiana en la Trinidad proviene directamente de los textos del Nuevo Testamento.

- La visión cristiana de la Trinidad viene a través de la revelación de cómo es la intimidad de Dios, transmitida por el Hijo y el Espíritu Santo.

- Quizás la idea de que Dios es amor sea la diferencia más profunda entre las religiones islámica y cristiana.

La perspectiva del conocimiento de Dios en el Corán es desde fuera, mientras que el Nuevo Testamento nos invita a verlo desde adentro, para compartir su vida íntima y amorosa.

Juan Damasceno es el primer padre de la Iglesia que conoció y escribió sobre el islam. Para él, la clave está en si se considera que la Palabra y el Espíritu de Dios son parte de Dios —atributos divinos— o están fuera de Dios, como él encuentra en el Corán:

La palabra y el espíritu son inseparables de aquello en lo que natural-mente tiene existencia. Por lo tanto, si la Palabra de Dios está en Dios, entonces es obvio que Él es Dios. Pero si Él está fuera de Dios, entonces, según vosotros, Dios está sin palabra y sin espíritu[21].

La diferencia, según el Damasceno, está en sostener que la palabra de Dios y su Espíritu están en Dios o bien proceden de Él, pero no están en Él.

21. Damascene, John, *The Fount of Knowledge*, Trans. Frederic H. Chase Jr. Vol. 37, New York: Fathers of the Church Inc., Part II: On Eresies, p. 156.

6

La Biblia anuncia la venida de Mahoma

El desconocimiento de la Biblia judía y cristiana está tan extendido entre musulmanes como la creencia de que esas Escrituras anuncian la venida de Mahoma. Esta certeza tiene sus raíces en dos versos del Corán y está respaldada por un hadiz en la Sunna y tres textos de *Sirat Rasul Allah* de Ibn Ishaq. Solo el hadiz y una de las historias de Ibn Ishaq señalan un pasaje bíblico; los otros únicamente afirman que está anunciado, sin dar ninguna referencia. Los intentos de eruditos musulmanes por encontrar otras referencias llegaron más tarde. Examinemos los orígenes.

Menciones del anuncio en el Corán, la Sunna y la Sirah

El Corán afirma que Mahoma está preanunciado en las Escrituras precedentes únicamente en este pasaje:

Siguen al Mensajero, el Profeta iletrado que encuentran descrito en la Tora y en el Evangelio con ellos (Q 7:157).

Afirma que Mahoma está *descrito* tanto en la Torá como en el Evangelio, pero sin indicar dónde ni en qué consiste la descripción.

Hay una segunda aleya que pone en boca de Jesús el anuncio de la venida de Mahoma, pero no indica que esté en las Escrituras:

Y Jesús, hijo de María, dijo: «¡Oh Hijos de Israel! No cabe duda de que soy el Mensajero de Dios enviado a vosotros, confirmando la Tora que fue revelada antes de mí, y trayendo las buenas nuevas de un Mensajero que vendrá después de mí, cuyo nombre es Ahmad» (Q 61:6).

Ahmad (احمد) y Mahoma (محمد) tienen la misma raíz (h-m-d); el primero es «digno de alabanza» y el segundo «quien es alabado». Por eso Ahmad se considera una variación de Mahoma, y parece apropiado identificar ambos. ¿Esta indicación sugiere buscar el nombre "Ahmad" en el Nuevo Testamento? La aleya no dice que esté en la Escritura, es solo una declaración oral de Jesús, no escrita, y, de hecho, no hay una señal semejante en el Nuevo Testamento. Por esto, no es más que una referencia circular porque, aunque se mencione a Jesús, el Corán fue proclamado por Mahoma, que es el anunciado en esa aleya. En otras palabras, cuando Mahoma pronunció esas palabras, se anunciaba a sí mismo poniendo ese anuncio en boca de Jesús. Esa predicción no se encuentra en ninguna otra fuente, solo en el Corán, simultáneamente con el profeta. Por lo tanto, no puede considerarse un anuncio previo.

Por tanto, la única declaración coránica de un anuncio de la venida de Mahoma es la aleya antes mencionada Q 7:157, que habla de una descripción.

La Sunna tiene solo un hadiz sobre este tema, Sahih al-Bukhari 2125, que cita un texto como perteneciente a la Torá, en este caso, de Isaías. Copiamos aquí el hadiz frente al pasaje de Isaías que correspondería a la cita.

Narrado por Ata bin Yasar: Conocí a ʿAbdullah bin ʿAmr bin Al-ʿAs y le pregunté: «Cuéntame sobre la descripción del Mensajero de Alá, que se menciona en la Torá», respondió: «Sí, por Alá. Se describe en la Torá con algunas de las cualidades que se le atribuyen en el Corán como sigue»:

Sahih al-Bukhari 2125	Isaiah 42:1-7
«¡Oh Profeta! Te hemos enviado como testigo, dador de buenas nuevas, advertidor y guardián de los analfabetos. Eres Mi esclavo y Mi mensajero. Te he llamado "Al-Mutawakkil" [que depende de Alá].	«Mirad a mi siervo, a quien sostengo; mi elegido, en quien me complazco. He puesto mi espíritu sobre él, manifestará la justicia a las naciones.
No eres descortés, duro ni alborotador en los mercados, y no haces mal a los que te hacen mal, sino que los tratas con perdón y bondad.	No gritará, no clamará, no voceará por las calles. La caña cascada no la quebrará, la mecha vacilante no la apagará.
Alá no lo dejará morir hasta que enderece a la gente torcida haciéndoles decir: "Nadie tiene derecho a ser adorado excepto Alá",	Manifestará la justicia con verdad. No vacilará ni se quebrará, hasta implantar la justicia en el país. (…)
con que se abrirán los ojos ciegos y los oídos sordos y los corazones clausurados».	para que abras los ojos de los ciegos, saques a los cautivos de la cárcel, de la prisión a los que habitan en tinieblas».

La división en cuatro partes ayuda a identificar lo que es similar y lo que es diferente. Por ejemplo, en las dos primeras partes del hadiz, Dios está hablando con el profeta, y las dos últimas están en tercera persona, mientras que, en Isaías, las tres primeras están en tercera persona, y la cuarta es Dios hablando con el "siervo". El cambio de persona en Isaías se introduce en los versos omitidos (*Esto dice el Señor, Dios… Yo, el Señor…*), pero no hay introducción al cambio en el hadiz.

La coincidencia de cada parte en su idea general no oculta que la mayoría de los detalles son diferentes y falta parte del texto bíblico en el hadiz, pero se percibe una conexión. Más que una cuestión de traducciones, parece que la cita está hecha de memoria, no leyendo el libro, lo que resulta natural, dada la escasa disponibilidad de las escrituras en Arabia en ese momento, y que debería ir mediada por una traducción.

En cuanto al contenido, mirando el texto de Isaías, vemos dos cosas que, según el Corán, están más relacionadas con Jesús que con Mahoma. Uno es «He puesto mi espíritu sobre él», que el Corán aplica a Jesús (cf. Q 2:87, 2:253, 5:110, 19:17, 21:91, 66:12) no a Mahoma.

Y el otro es «para que abras los ojos de los ciegos», que se corresponde en el hadiz con «se abrirán los ojos ciegos». Tanto el hadiz como Isaías hablan del milagro de devolverle la vista a un ciego, algo que el Corán atribuye únicamente a Jesús (cf. Q 3:49, 5:110). Conviene señalar que abrir los ojos ciegos no se refiere a la ceguera espiritual. Para apoyarlo, tenemos esta aleya: «*No son los ojos los que se ciegan, sino los corazones, dentro del pecho, los que se ciegan*» (Q 22:46). Y el Corán se refiere varias veces a la ceguera para ver la verdad, pero nunca menciona ojos ciegos con ese sentido.

La conclusión es que el texto de Sahih al-Bukhari 2125 se remonta a Isaías 42, con los errores comprensibles de quien cita de memoria. Pero ese texto de Isaías y el hadiz coinciden con las características de Jesús descritas en el Corán, no con las de Mahoma. Por tanto, siguiendo las descripciones coránicas, más parece que Isaías está anunciando la venida de Jesús que de Mahoma.

Sirat Rasul Allah, de Ibn Ishaq, es el tercer escrito en importancia. Aunque no se considera inspirado por Dios, sobre este argumento resulta de interés dada la carencia de referencias bíblicas que hablen de Mahoma en el Corán y la Sunna. En la Sirah hay tres pasajes sobre presagios bíblicos de Mahoma. Dos simplemente afirman que está anunciado, uno en la Biblia judía[1] y el otro a la

---

1. cf. Ibn Ishaq, *Sirat Rasul Allah*, pp. 240-241.

cristiana[2]. En ambos casos, las señales para reconocerlo serían su descripción y su nombre. Pero ninguno de los dos da pistas sobre dónde se deberían encontrar esas señales.

El tercero, en cambio, afronta directamente dónde está el nombre del profeta citando un párrafo del Evangelio de san Juan:

Extraído de lo que les dejó escrito el Apóstol Juan cuando les escribió el Evangelio del Testamento de Jesús Hijo de María:
«El que me odia a mí, ha odiado al Señor. Y si yo no hubiera hecho en su presencia obras que ningún otro antes de mí hizo, no tendrían pecado: pero desde ahora se hinchan de orgullo y piensan que me vencerán a mí y también al Señor. Pero la palabra que está en la ley debe cumplirse: "Me odiaron sin causa" (es decir, sin razón). Pero cuando venga el Consolador [Munaḥḥemana], a quien Dios os enviará de la presencia del Señor, y el espíritu de verdad que habrá salido de la presencia del Señor, él (dará) testimonio de mí y también vosotros, porque habéis estado conmigo desde el principio. Os he hablado de esto para que no tengáis duda».
El Munaḥḥemana (¡Dios lo bendiga y lo guarde!) en siríaco es [significa] Mahoma; en griego es el paráclito[3].

El texto del evangelio de Juan al que hace referencia es este:

El que me odia a mí, odia también a mi Padre. Si yo no hubiera hecho en medio de ellos obras que ningún otro ha hecho, no tendrían pecado, pero ahora las han visto y me han odiado a mí y a mi Padre, para que se cumpla la palabra escrita en su ley: «Me han odiado sin motivo». Cuando venga el Paráclito, que os enviaré desde el Padre, el Espíritu de la verdad, que procede del Padre, él dará testimonio de mí; y también vosotros daréis testimonio, porque desde el principio estáis conmigo. Os he hablado de esto, para que no os escandalicéis (Jn 15:23-16:1).

2. cf. Ibn Ishaq, *Sirat Rasul Allah*, p. 656.
3. cf. Ibn Ishaq, *Sirat Rasul Allah*, p. 104.

La diferencia más obvia es el cambio de "mi Padre" o "el Padre" por "el Señor", más fácil de aceptar para un lector musulmán. A parte de esto, la cercana concordancia con el texto original sugiere que Ibn Ishaq tenía delante un ejemplar del Evangelio de Juan.

El juego de tres idiomas en la frase final puede resultar sorprendente. Está escribiendo en árabe y probablemente traduce el evangelio del siriaco. En muchos idiomas, al traducir la palabra "Consolador", se suele mantener o adaptar el original griego, "Paráclito". Quizá por eso menciona los tres idiomas. Sin embargo, las equivalencias que hace son erróneas pues, dejando aparte el siriaco, Paráclito significa consolador o el que conforta, mientras que *Mohammad* (Mahoma) significa el que es alabado. No hay modo de reconciliar las dos palabras.

Es la única cita de la Biblia en todo el libro de la Sirah, y el motivo de citarla es únicamente esta palabra, pero la traducción está equivocada.

El error queda disimulado por el paso por la palabra del siriaco. Pero sorprende que el fallo no esté en una traducción, sino en las dos, pues la palabra que Ibn Ishaq da en siriaco no significa consolador (paráclito) pero tampoco alabado (mohammed). Del siríaco al árabe se puede entender como una confusión por la fonética cercana entre munaḥḥemana y Mohammed.

¿Pero qué significa munaḥḥemana? La raíz es n-ḥ-m [ܢܚܡ], y el verbo es mnaḥem [ܡܢܚܡ][4], que significa resucitar de la muerte. No hay duda de que es un tema cristiano, pero fuera de contexto.

Parece razonable suponer que fue un error en buena fe, pues no era necesario añadir esa referencia si el escritor no hubiera pen-

---

4. Cf. Maclean, A. J., *A Dictionary of the Dialects of Vernacular Syriac.* Oxford: Clarendon Press, 1901, p. 183; y *Sureth Dictionary*, Ed. Association Assyrophile de France.

sado que era cierta: bastaba omitirla. Podemos hacer tres hipótesis de por qué se equivocó:

a. La traducción de Consolador (Paráclito) en siríaco puede tomarse de dos palabras diferentes: mlab'wana [ܡܠܒܒܢܐ][5] o manyi'ḥana [ܡܢܝܚܢܐ][6]. La segunda puede sonar parecido a "*munaḥḥemana*" pero tiene una raíz diferente.

b. Otra opción es que alguien le tradujera del siríaco y le explicara también otros pasajes, en concreto el de la resurrección, y eso provocara que Ibn Ishaq confundiera los términos.

c. Una tercera hipótesis es una confusión desde otra lengua semítica, el hebreo, pues "confortador" se dice mnaḥem (מנחם) cuya raíz es n-ḥ-m [נ-ח-מ], la equivalente en siríaco a munaḥemana, que sería una derivación.

En cualquier caso, solo podemos hacer conjeturas de cómo ocurrió la equivocación, lo único claro es que, si tomamos el griego original "Paráclito" y el árabe "Muhammad", no hay conciliación posible del significado; es un error.

Aparte de los problemas de traducción, el texto también dice que este "paráclito" es "el espíritu de la verdad", y en ninguna parte del Corán o la Sunna se llama espíritu a Mahoma.

Lo que pudo haber quedado en un pequeño error debido a una traducción errónea, generó un equívoco de siglos, al ser transmitido en el mundo musulmán bajo la autoridad de Ibn Ishaq. Pocos tenían el conocimiento de griego, siríaco o hebreo necesarios para descubrir el error, y ninguno tenía interés porque el argumento probaba la afirmación del Corán de un anuncio de Mahoma en

5. Cf. Payne Smith (Mrs. Margoliouth), Jessie, *A Compendious Syriac Dictionary. Founded upon the Thesaurus Syriacus of R. Payne Smith*, Oxford: Clarendon Press, 1976, p. 275; y *Sureth Dictionary*.

6. Cf. Payne, *A Compendious Syriac Dictionary*, pp. 281-282; y *Sureth Dictionary*.

el evangelio. El resultado es que muchos musulmanes piensan que este párrafo del Evangelio de Juan menciona al profeta por su nombre, lo cual es falso.

Todos los que aplican a Mahoma la palabra "Paráclito" del evangelio de Juan se apoyan en esa *traducción* errónea, cuyo origen sería Ibn Ishaq (m. 768) o bien un contemporáneo suyo llamado Muqatil ibn Sulayman (m. 767), autor del *Tafsir Muqatil*. Como explica Reynolds, comentando el anuncio de Jesús de un mensajero que debía venir después de él llamado Ahmad (cf. Q 61:6), «el *Tafsir Muqatil* dice que en siríaco Ahmad significa "paráclito" (*farqlita*)»[7]. Cualquiera de los dos autores puede ser la fuente del error, copiada por el otro, pero la *Sirah* de Ibn Ishaq se extendió con más rapidez y autoridad.

Otros textos de la Biblia citados como anuncios de Mahoma

Hemos visto un texto de la Sunna que cita una supuesta descripción de Mahoma de la Biblia hebrea, pero encaja mejor con Jesús. Y uno de *Sirat Rasul Allah* que presenta el "Paráclito" prometido en un pasaje del Evangelio de Juan como si esa palabra fuera la traducción del nombre del profeta en griego, pero es un claro error.

A lo largo de los siglos, algunos musulmanes intentaron buscar otros pasajes tanto en la Biblia hebrea como en la cristiana. El texto más famoso para este propósito está en Deuteronomio, en el capítulo 18. Dios está hablando con Moisés y le dice:

> *Suscitaré un profeta de entre sus hermanos, como tú. Pondré mis palabras en su boca, y les dirá todo lo que yo le mande* (Dt 18:18).

7. Cf. Reynolds, G. S., *The Qur'ān and Its Biblical Subtext*, p. 220.

Unas líneas antes, es Moisés quien dice lo mismo hablando al pueblo:

El Señor, tu Dios, te suscitará de entre los tuyos, de entre tus hermanos, un profeta como yo. A él lo escucharéis (Dt 18:15).

Para aplicar esta profecía a Mahoma, se debe superar la dificultad obvia de que el profeta anunciado debe provenir del pueblo de Israel, más concretamente, «de entre sus hermanos», «de entre vosotros, de vuestros hermanos». Para ello, apelan a que los árabes se consideran descendientes de Ismael, hijo de Abraham con la esclava Agar, y que los hebreos son descendientes de Isaac, hermano de Ismael por parte de padre.

Sin embargo, por un lado, Dt 18:15 dice «de entre vosotros», lo cual es incompatible con esta explicación. Por otra parte, la expresión «entre sus / tus hermanos» aparece con mucha frecuencia en la Biblia hebrea, y se aplica siempre al pueblo de Israel, nunca a alguien ajeno al pueblo. Además, los ismaelitas se mencionan en la Biblia, y nunca se les llama hermanos ni se les considera cercanos de ninguna manera. Concretamente, en los cinco libros de la Torá aparecen una vez: José es vendido por sus hermanos como esclavo a una caravana de ismaelitas que se dirige a Egipto (cf. Gn 37:25-28), y no son presentados como "hermanos".

Ese profeta debía venir del pueblo de Israel, como vino Jesús.

Conclusión sobre anuncios de Mahoma en la Biblia

Para terminar esta sección, presentamos un resumen sobre el supuesto anuncio en la Torá y el Evangelio de la venida de Mahoma:
- El Corán afirma que «encuentran descrito» al profeta en la Torá y el Evangelio sólo una vez (Q 7:157). No da ninguna indicación de un texto de la Biblia para apoyarlo.

- Otra aleya sostiene que Jesús declaró el nombre del futuro profeta como Ahmad (Q 61:6), pero el Corán no dice que esté escrito en las escrituras cristianas, solo que él lo dijo.

- La Sunna cita una vez un texto de Isaías 42:1-7 (Cf. Sahih al-Bukhari 2125). Sin embargo, el texto dice que el profeta que vendrá hará milagros lo que coincide con las características de Jesús –incluso según el Corán–, y no encaja con las de Mahoma.

- *Sirat Rasul Allah* de Ibn Ishaq cita un pasaje del Evangelio de Juan (Jn 15:23-16:1). Interpreta la palabra griega "Paráclito", diciendo que en árabe se traduce "Mohammad", lo cual es un error: paráclito es "consolador" y Mohammad "el que es alabado".

- Otros eruditos musulmanes afirman que Mahoma es mencionado en el Evangelio de Juan, pero la referencia es siempre el error de la *Sirah*.

- Los estudiosos islámicos han propuesto otros textos, pero las asociaciones carecen de fundamento.

- No hay un texto claro que anuncie a Mahoma ni en el Antiguo ni en el Nuevo Testamento.

Sin embargo, un musulmán que crea de buena fe en el Corán tiene la posibilidad de entender esa predicción de otra forma. La Biblia judía, considerada en su conjunto, está en tensión hacia la futura venida del Mesías. En una interpretación musulmana, esta dirección podría entenderse como realizada parcialmente en Jesús, pero aún no de modo completo y por tanto ver en ella una espera de alguien más. Sería semejante a como los judíos que no reconocen a Jesús siguen esperando al Mesías prometido.

El Nuevo Testamento también mira hacia el futuro, pero en este caso es la segunda venida de Jesús al final del mundo, cosa que también muchos musulmanes piensan que ha de suceder. En esa tensión hacia la escatología final, habría que insertar a Mahoma.

Para un cristiano, sin embargo, la Encarnación del Hijo de Dios ha llevado a su plenitud la esperanza de un Mesías salvador, y Dios ha revelado todo en él. Es este otro punto de divergencia entre la fe cristiana y la islámica[8].

Pero queda también otra puerta abierta en la literatura bíblica apocalíptica, que habla del futuro con un lenguaje simbólico-mítico abierto a interpretaciones diversas. Los libros de Isaías, Ezequías y sobre todo Daniel contienen pasajes de género apocalíptico. Y en el Nuevo Testamento aparte de unos pocos párrafos de los Evangelios, el libro del Apocalipsis es el que más orientado está al porvenir, incluyendo señales abiertas a interpretaciones. Por eso, Daniel y el Apocalipsis parecen los libros más adecuados para buscar una predicción de la venida de Mahoma en clave simbólica.

---

8. Esa divergencia puede incluso llevar a ver un anuncio negativo en la queja de Jesús "Yo he venido en nombre de mi Padre, y no me recibisteis; si otro viene en nombre propio, a ese sí lo recibiréis" (Jn 5:43).

7

Los cristianos no se salvarán en el día del juicio

Algunos maestros musulmanes enseñan que los cristianos, los judíos y los seguidores de otras religiones no se salvarán. A veces incluso muestran lástima por ellos debido a esta convicción. En casos aún más extremos, incluso llegan a prohibir tener relaciones con cristianos.

Durante las obras para construir un complejo llamado Saxum, a 15 Km de Jerusalén, cuando aún estaba en obra gruesa, entró un grupo de obreros a trabajar en una habitación amplia. Uno de los obreros musulmanes preguntó qué iba a ser aquella habitación y al enterarse de que sería una capilla salió y dejó la obra porque no quería trabajar para cristianos. ¿Lo hizo por ser más creyente que sus compañeros también musulmanes? No, simplemente por una cerrazón que probablemente no tenía otro origen que la ignorancia y la rigidez de alguien que consideraba como autoridad.

Sin embargo, el Corán mantiene una actitud positiva hacia los cristianos e incluso hay pasajes que afirman que si son fieles se salvarán.

Aunque hay bastantes menciones de Jesús en el Corán, sólo se hace referencia a los cristianos en suras que corresponden a Medina, concretamente en las suras 2, 3, 5, 9 y 22, mientras que a los judíos se les menciona con más frecuencia, incluso en dos suras de La Meca (6 y 16). Aparte de las referencias directas, la expresión «gente del libro» aparece también en otras tres suras, todas ellas de Medina; en dos casos, el contexto revela que se refiere sólo a los judíos (en 33 y 59), y en uno se aplica tanto a judíos como a cristianos, n. 57.

Mahoma tuvo problemas al predicar en La Meca y cuenta la tradición que envió algunos seguidores suyos a los cristianos de Abisinia (Etiopía), al otro lado del mar Rojo. «Estaban a salvo allí y estaban agradecidos por la protección del Negus; podían servir a Dios sin temor; y el Negus les había mostrado toda su hospitalidad»[1]. Pasados los tiempos de La Meca, en Medina su situación se hizo más estable y segura. En las suras de este periodo encontramos una actitud positiva hacia los cristianos, incluso al compararlos con otros grupos, como se ve en esta aleya, la única que relaciona seguidores de religiones diferentes al islam:

> *Seguro que encontrarás que, de entre la gente, la que muestra una enemistad más acérrima hacia los que creen son los judíos y los que atribuyen copartícipes a Dios* [politeístas]. *Y sin duda hallarás que los que muestran más afecto hacia los creyentes son aquellos que dicen: «Somos cristianos». La razón de ello es porque entre ellos hay ermitaños y monjes, y porque no son arrogantes* (Q 5:82).

Teniendo en cuenta esta actitud amistosa, vamos a considerar lo que dice el islam sobre el destino final de los cristianos.

---

1. Ibn Ishaq, *Sirat Rasul Allah*, p. 148.

De acuerdo con el Corán y la Sunna, ¿quién se salvará?

Tres aleyas en tres suras diferentes afirman que todos serán juzgados según su fe y sus obras. Menciona explícitamente cuatro grupos, musulmanes («los que creen»), judíos, cristianos y sabeos:

Los que creen o los que se declaran judíos, cristianos o sabeos —quienes creen realmente en Dios y en el Día del Juicio Final y llevan a cabo buenos actos—, ciertamente su recompensa está con su Señor y no tendrán que temer ni se entristecerán (Q 2:62).

En verdad ya sean aquellos que declaran la fe, o sean los judíos, los sabeos, los cristianos, quienes correcta y sinceramente crean en Dios y en el Día del Juicio Final y hagan actos buenos y rectos no tendrán que temer ni se entristecerán (Q 5:69).

Aquellos que creen de verdad, y aquellos que se hicieron judíos, los sabeos, los cristianos, los zoroástricos y los que atribuyen copartícipes a Dios [politeístas], *sin duda Dios juzgará entre ellos en el Día de la Resurrección. Dios es Testigo sobre todas las cosas* (Q 22:17).

Las dos primeras son muy semejantes y dejan claro que judíos, cristianos y sabeos pueden acceder a la salvación el día del juicio, aunque la primera enfatiza más que la recompensa «está con su señor». La tercera sorprende por la inclusión de los politeístas, que son el blanco principal de las advertencias del Corán, aunque aquí aparece con menos claridad la posibilidad de la salvación, sólo que Dios juzgará.

La idea de salvación a quien crea y haga buenas obras se utiliza también para defender la salvación de los musulmanes frente a aquellos de «la gente del libro» que, según el Corán, afirman que sólo se salvarán judíos y cristianos:

Ellos [judíos y cristianos] *dicen que nadie ingresará en el Paraíso a no ser que sea judío o cristiano. Ésa es su ilusión. Di: «¡Manifestad vuestra prueba si sois veraces!». ¡No! Sino que aquel que someta todo su ser a Dios dedicándose a hacer el bien y consciente de que Dios le está contemplando, su recompensa estará junto a su Señor y no tendrá que temer ni se entristecerá* (Q 2:111-112).

Esta insistencia en la salvación de los seguidores de diferentes religiones parece olvidada en la cultura islámica. La razón podría ser que también hay otras aleyas menos favorables, como esta, que puede interpretarse en contra de los cristianos:

En verdad han caído en la incredulidad quienes dicen: «Dios es el Mesías, hijo de María», cuando el Mesías mismo proclamó: «¡Oh Hijos de Israel! Venerad a Dios, mi Señor y el vuestro». Quien atribuya copartícipes a Dios, Dios le negará el Paraíso y su refugio será el Fuego. Y los malhechores no tendrán quien les auxilie (Q 5:72).

Como vimos antes, los que atribuyen copartícipes a Dios son politeístas, no judíos ni cristianos, aunque en el contexto parece estar hablando de cristianos.

Pero encontramos también esta fuerte declaración:

Todo aquel que busque una religión distinta al islam, no le será aceptada y en el Más Allá será de los perdedores (Q 3:85).

¿Se puede entender como una condena a todas las religiones excepto al islam? Fuera del contexto, parece aplicarse a toda persona humana, y esa sería la conclusión. Pero el versículo inmediatamente precedente puede ayudar a comprender quiénes son los destinatarios de esa advertencia:

Di: «Hemos creído en Dios, en aquello que se ha hecho descender sobre nosotros y en lo que se hizo descender sobre Abraham, Ismael, Isaac, Jacob y los Profetas que surgieron en las tribus, así como lo que le fue concedido a Moisés, Jesús y a los otros Profetas procedente de su Señor; no hacemos distinción alguna entre ellos y somos musulmanes» (Q 3:84).

El Corán alaba la fe en los principales profetas judíos y cristianos. ¿Puede inmediatamente después condenar a judíos y cristianos? La explicación debe tener en cuenta que la declaración de fe escrita en Q 3:84 no es para todos, sino para los musulmanes. Entonces, la condena de Q 3:85 se dirige a los musulmanes infieles y por tanto lo que esta aleya dice es que un musulmán «que busque una religión distinta al islam» no se salvará, algo que está muy arraigado en las creencias islámicas.

Hasta aquí hay pocos motivos para afirmar que los cristianos –o Judíos– no se salvarán. Pero tenemos que analizar estas dos aleyas consecutivas, la única ocasión que el Corán se refiere negativamente a los cristianos:

Y esos judíos dicen: «Ezra ['Uzair] es el hijo de Dios» y los cristianos indican: «El Mesías es el hijo de Dios». No son más que aseveraciones verbales que imitan las proferidas por algunos incrédulos que les precedieron. ¡Que Dios les destruya! ¿Cómo pueden apartarse de la verdad y realizar dichas afirmaciones? Los judíos han adoptado a sus rabinos y los cristianos han adoptado a sus monjes, así como al Mesías, hijo de María, como Señores en lugar de Dios, mientras se les ordenó que venerasen a un Único Dios. No hay más deidad que Él. Glorificado sea Él que se halla absolutamente por encima de los copartícipes que Le atribuyen (Q 9:30-31).

No está diciendo directamente que serán condenados, pero en la lógica del Corán, esa es una consecuencia natural. Por una parte, la adopción de rabinos y mojes como «Señores en lugar de Dios», parece referirse a una exageración ausente de las religiones judía y cristiana. Por otra, ya citamos y comentamos esta aleya cuando examinamos la cuestión del «hijo de Dios» (ver p. 75), y subrayamos que la expresión se utiliza con sentido politeísta, no judío ni cristiano. Por tanto, podría salvarse si se entiende que el Corán se refiere a un hijo en el sentido natural.

Sin embargo, este punto parece esencial para el islam con respecto a la salvación, como lo confirma la **Sunna** en dos hadices que relatan el fin de los tiempos. Copiamos solo uno, pero ambos son muy similares:

Los judíos serán llamados y se les dirá: «¿A quién solíais adorar?» Dirán: «Solíamos adorar a Ezra, el hijo de Alá». Se les dirá: «Sois mentirosos, porque Alá nunca ha tomado a nadie como esposa o hijo» [...]. Entonces caerán en el Fuego.

Después se llamará a los cristianos y se les dirá: «¿A quién usáis para adorar?». Dirán: «Solíamos adorar a Jesús, el hijo de Alá». Se les dirá: «Sois mentirosos, porque Alá nunca ha tomado a nadie como esposa o hijo».

[...Después de enviar al infierno a judíos y cristianos, continúa...] Entonces, cuando no quede nadie más que aquellos que solían adorar a Alá, ya fueran obedientes o desobedientes [...serán enviados al paraíso][2].

Según este hadiz, el punto crítico para alcanzar el paraíso es haber adorado solo a Alá. La mención de Ezra como hijo de Alá, junto con la ausencia de evidencias de que los judíos lo hayan llamado alguna vez hijo de Dios, sugiere que se refiere a un pequeño grupo, desconocido para nosotros, no a todos los judíos. Podemos entender que, también entre los cristianos, podría estar refiriéndose a un pequeño grupo que consideraría la expresión «hijo de Dios» de manera politeísta. Encaja con la idea criticada en el Corán de un hijo por generación física, consecuencia de tener una esposa, como vimos en el apartado 3 («Dios no puede tener un hijo»), que se manifiesta también en el hadiz al hablar de que Dios no ha adoptado una esposa; y también con la herejía cristiana-

---

2. Sahih al-Bukhari 4581; el otro hadiz es Sahih al-Bukhari 7439.

politeísta que mencionamos en la p. 118. En ese caso, el hadiz no se referirá a los cristianos en general, sino a un pequeño grupo separado de ellos.

Esa será la explicación para compatibilizar este hadiz con las aleyas que aceptan la salvación a «quien cree en Dios y en el Último Día, y hace lo correcto». De lo contrario, la contradicción entre la Sunna y el Corán sería insuperable.

También hay un hadiz que transmite una frase de Mahoma, difícil de reconciliar con la franqueza de las suras anteriores:

Se narra con la autoridad de Abu Huraira que el Mensajero de Alá observó: Por Aquel en cuyas manos está la vida de Muhammad, aquel que entre la comunidad de judíos o cristianos oye hablar de mí, pero no afirma su creencia en aquello con lo cual He sido enviado y muere en este estado [de incredulidad], él será solo uno de los habitantes del Infierno[3].

Este hadiz introduce una nueva condición para la salvación: reconocer a Mahoma como profeta. El Corán anima a los lectores a «creer en Dios y en Su Mensajero, el Profeta iletrado» (Q 7:158). Pero sólo creer en Dios es una condición para salvarse, especialmente para judíos y cristianos. Parece que este hadiz es el motivo más explícito por el que algunos maestros musulmanes enseñan que judíos y cristianos no se salvarán. No explica las contradicciones, pero se establece bajo la autoridad de Mahoma, por encima de las aleyas conciliatorias del Corán. Estas son razones que pueden desacreditar ese hadiz. La Sunna no es el Corán. La ciencia de interpretar el texto permite rechazar un hadiz cuando la compatibilidad con el Corán está en juego.

3. Sahih Muslim 153.

La misma advertencia del Corán que hemos mencionado al principio podría aplicarse a quienes niegan la salvación a los buenos cristianos:

Di: ¡Manifestad vuestra prueba si sois veraces! ¡No! Sino que aquel que someta todo su ser a Dios dedicándose a hacer el bien y consciente de que Dios le está contemplando, su recompensa estará junto a su Señor y no tendrá que temer ni se entristecerá (Q 2:111-112).

Libertad y salvación en la fe musulmana y en la cristiana

Para comprender mejor el mensaje del Corán sobre la salvación de los no musulmanes, debemos estudiar su concepto de libertad.

En el Corán, las declaraciones sobre el poder absoluto de Dios se repiten una y otra vez. Esta idea no es ajena a judíos y cristianos; lo que marca la diferencia es la relación con la libertad humana. Por un lado, Dios es quien decide a quién perdonar y a quién castigar:

A Dios Le pertenece todo cuanto hay en los Cielos y en la Tierra. Perdona a quien Su Voluntad dicta y castiga a quien Su Voluntad dicta. Dios es el Indulgente, el Compasivo (Q 3:129).

Podría entenderse que alguien que se arrepiente será perdonado, y así parece indicarlo el principio del párrafo siguiente, pero la última parte deja claro que la decisión de arrepentirse no es humana, es Dios quien decide:

Pero en cuanto a aquellos que se arrepienten, creen y llevan a cabo actos buenos y rectos, pueden esperar hallarse entre los que alcancen prosperidad. Tu Señor crea lo que Su Voluntad dicta, y elige y decreta cualquier forma de vida que Su Voluntad dicta. No tienen ninguna libertad de elección (Q 28:67-68).

Dios decide quién se arrepiente o no, y luego perdona o castiga. Más aún, Dios es quien extravía a alguien o lo guía para que haga el bien:

No hemos nombrado a nadie más que a los ángeles como guardianes del Fuego, y no hemos hecho de su número sino una prueba para [… que…] no sientan ninguna duda; y aquellos en cuyos corazones hay una enfermedad y los incrédulos puedan decir: «¿Qué quiere decir Dios con esta descripción?». De esta manera Dios extravía y guía a quien Su Voluntad dicta (Q 74:31).

Esta dependencia de Dios es tan fuerte que no hay posible resistencia ante su decreto:

¿Es que pretendéis guiar a quien Dios ha extraviado? Para aquél que Dios ha extraviado, no puedes encontrar un camino (Q 4:88-89).
A todo aquel que Dios desvía, no tendrá por más tiempo a ningún guardián (Q 42:44).

Parece una contradicción insistir en el infierno y el paraíso como castigo y recompensa si Dios es quien conduce al hombre a ser bueno o malo. La contradicción se resolvería si no se considerase que Dios es Justo, pero también leemos que Noé dice a Dios «Tú eres el Más Justo de los jueces» (Q 11:45). Entonces, si el mensaje es coherente, debemos admitir que el concepto de justicia es precisamente este: Dios decide a quién quiere desviar y castigar, y a quién quiere guiar y recompensar. Puede sonar como un niño jugando con títeres, decidiendo quién es el bueno y el malo, y el destino que le corresponde a cada uno. Este pensamiento inquietaría a algunas personas, pero no a aquellos que consideran que Dios es tan trascendente que no podemos saber nada acerca de él. La actitud resultante es aceptar el destino, sea cual sea.

Puede parecer demasiado difícil de admitir para una mente moderna, y hoy en día muchos musulmanes no aceptarían esta conclusión, pero esto es lo que está escrito en el Corán.

La Sunna lo confirma en el siguiente hadiz, que plantea precisamente el tema de la libertad humana frente al destino que Dios ha preordenado. Tiene dos partes. En la primera, alguien le pregunta a Abu al-Aswad si las personas hacen lo que están predestinadas a hacer:

Dije: Por supuesto, es algo que está predeterminado para ellos y preordenado para ellos. Dijo: Entonces, ¿no sería una injusticia castigarlos? Me sentí muy perturbado por eso, y dije: Todo fue creado por Alá y yace en Su Poder. Él no sería cuestionado en cuanto a lo que hace, pero ellos serían cuestionados; entonces me dijo: Que Alá tenga piedad de ti, no quise preguntarte sino poner a prueba tu inteligencia.

Hasta aquí podría quedar en una opinión personal, pero continúa relatando que le preguntan al Profeta:

Dos hombres de la tribu de Muzaina se acercaron al Mensajero de Alá y le dijeron: Mensajero de Alá, ¿cuál es tu opinión sobre lo que la gente hace en el mundo y por lo que se esfuerza? ¿Es algo decretado para ellos; algo predestinado para ellos y su destino en el Más Allá estará determinado por el hecho de que sus Profetas les trajeron enseñanzas sobre las cuales no actuaron, y por lo tanto se convirtieron en merecedores de castigo? Acto seguido, dijo: Por supuesto, sucede como está decretado por el Destino y preordenado para ellos, y esta opinión es confirmada por este verso del Libro de Alá, el Exaltado y Glorioso: «Considera el alma y Aquel que la hizo perfecta. luego insufló en él su pecado y su piedad» [Q 91:7-8][4].

---

4. Sahih Muslim 2650. La traducción que estamos siguiendo del Corán se separa de esta y contradice el hadiz, pues dice: «…Quien lo ha inspirado con la conciencia de lo que es erróneo y malo para ello, y lo que es correcto y bueno

La última frase cita el Corán y afirma que Aquel que creó el alma le inspiró el bien y el mal. Entonces, cuando alguien toma buenas o malas decisiones, sigue lo que Dios puso en él; la libertad moral del hombre es sólo aparente. El poder de Dios es tal que nada puede escapar de él. Él controla incluso la voluntad humana. Por eso el hadiz afirma que todo está decretado para los hombres; su destino está predeterminado. En coherencia con esta concepción, la libertad resultaría más aparente que real, y, ante la dependencia total de la voluntad divina, la única actitud que los hombres pueden tener es someterse:

Di: «Con toda certeza la guía de Dios es guía y hemos sido ordenados a someternos con todo nuestro ser al Señor de los Mundos» (Q 6:71).

La palabra "islam" significa "sumisión", y se corresponde con el núcleo de la respuesta coránica a Dios. También "musulmán" tiene la misma raíz (s-l-m) y significa "el que se somete". En la literatura islámica aparece repetidamente esta idea: nadie escapa al destino que Alá le ha marcado. Termina sucediendo incluso si la persona trata de evitarlo. Y frente a este destino, la sumisión es la única actitud razonable.

En este marco, la conciencia moral se torna incierta. Para un hombre que quiere hacer el bien o saber si ha sido perdonado, el decreto de Dios es inalcanzable. La única forma de tener cierto sentido de purificación es hacer más que las estrictas prescripciones, rindiéndose al juicio desconocido de Dios. Esto concuerda una característica crucial de la narrativa del Corán: lo que mueve a los hombres es el miedo al castigo y la atracción por el premio. No se busca una relación personal con Dios; no se le mira con amor sino con miedo.

para ello» (Q 91:7-8). Si embargo, el original en árabe afirma que Dios inspira el bien y el mal, tal como interpreta Mahoma en el hadiz.

Que esta sea la tónica general no impide que haya excepciones. Puede haber personas o grupos que tomen distancia de los textos y las tradiciones o les den una interpretación alegórica. Un ejemplo de una comunidad o rama del islam que piensa diferente es el sufismo. Es un grupo islámico místico que busca la iluminación en la experiencia de una relación con Dios. Y la purificación es el camino para lograrlo. Aun siendo minoritario, deja ver que la aspiración a una relación personal con Dios no está en contra de la fe islámica.

En este contexto de incertidumbre ante el decreto de Dios, ¿pueden los no musulmanes esperar la salvación? Hemos visto contradicciones en el texto. El Corán es más favorable que la Sunna, pero no está claro cuál debe prevalecer. La voluntad de Dios que es el único término de decisión. Cuando el Corán dice «Dios sabe», lo cual es muy frecuente, significa que Él es el único que sabe porque todo sucede como consecuencia de su decisión.

En cambio, según la **visión cristiana**, la libertad de Dios interactúa con la libertad del hombre. Dios es todopoderoso no por anular la libertad humana sino por haberla creado y permitir al hombre actuar libremente. Quiere más la libertad humana que la perfección humana. La Voluntad de Dios se cumple cuando los hombres actúan libremente porque Él quiere que el hombre actúe libremente, a pesar de las consecuencias. Y Él se hace cargo del precio de las malas decisiones con su plan de salvación, incluso recibiendo él mismo, en el Hijo, el castigo debido a los pecados de los hombres. De esta manera, Él puede ofrecer la salvación a todo aquel que quiera amarlo. Y al mismo tiempo está invitando a los hombres a amarlo demostrando que su amor es invencible.

La libertad humana es real, pero para comportarse siempre bien los hombres necesitan la ayuda de Dios, ayuda que Él está dispuesto a dar. El concepto fundamental del cristianismo que está ausente de la lógica coránica es el amor de Dios que pide amor a los hombres. Un buen cristiano ama a Dios y a los demás, y este amor es el que purifica y transforma. «Quien no ama no ha conocido a Dios, porque Dios es amor» (1 Jn 4:8). La seguridad del cristiano no se basa en el cumplimiento de las normas, sino en el amor, y el amor conduce a un comportamiento más elevado y a un compromiso más exigente que el miedo.

Al mismo tiempo, amar requiere sentirse amado, y con un Dios que es Padre, el cristiano se siente amado en todo momento, y así, puede ser siempre feliz. Y también lleva a los cristianos a amarse unos a otros y a amar a todos sin importar su religión.

La fe en el amor de Dios es la seguridad del cristiano en la que basa su esperanza de salvación.

Conclusión sobre la salvación de los cristianos según el islam

Las ideas principales sobre la salvación de los cristianos según el islam son las siguientes:

- El Corán es respetuoso y positivo hacia los cristianos, mucho más de que lo que encontramos en la tradición islámica posterior.
- Tres aleyas en tres suras diferentes afirman que todos, incluidos los cristianos, pueden salvarse y que serán juzgados según su fe y sus obras.
- Una aleya lanza una advertencia de no decir que Jesús es el hijo de Dios, pero emplea un significado politeísta de la expresión.
- La Sunna menciona en dos hadices el fin del mundo y la condena de judíos y cristianos por adorar a alguien aparte de Dios, pero usa el mismo sentido politeísta de «hijo de Dios».

- Un solo hadiz registra a Mahoma diciendo que los judíos y cristianos que lo conocen y no creen en él serán condenados. Pero no tiene base en el Corán.

- En el islam, el concepto del poder de Dios es tal que Él tiene control incluso sobre las decisiones humanas: Él es quien inspira el bien y el mal en los hombres. De modo que la libertad moral humana es aparente.

- Las contradicciones del Corán y la Sunna sobre la salvación de los no musulmanes se superponen a la idea fundamental de que el destino final dependerá de la decisión de Dios.

- La diferencia clave entre el concepto de Dios de musulmanes y cristianos es que, para los primeros, Dios es amor.

- El auténtico cristiano no vive del miedo y menos aún del odio, y no utiliza la violencia para convencer ni para convertir. Vive del amor que transforma y da libertad y alegría.

Cuando un musulmán se compadece porque piensa que los cristianos no se salvarán, la mejor respuesta cristiana es hablar del amor de Dios que vence todo miedo. ¿Pueden los musulmanes descubrir el amor de Dios y una relación personal con Él? No está en su horizonte religioso habitual, pero Dios puede hacerlo descubrir y a veces lo hace. Las excepciones, como los sufíes, garantiza su compatibilidad con la fe musulmana.

La fe cristiana y la islámica coinciden en creer en un solo Dios, creador de todas las cosas, todo poderoso, cercano a los hombres y que los juzgará al final de los tiempos, decretando para cada uno el lugar definitivo: el paraíso o el infierno. En la forma de entender estos enunciados comunes, de todos modos, cabría desarrollar las profundas diferencias existentes. Sin embargo, aquí nos hemos limitado a analizar las siete afirmaciones más frecuentes que muchos musulmanes dirigen a los cristianos y que, con su origen en épocas polémicas, han llegado a convertirse en mitos. Hemos tratado de distinguir lo que está presente en el islam originario sobre estas cuestiones y lo que se desarrolló más tarde. Así, volviendo a las fuentes islámicas, fundamentalmente el Corán y la Sunna, ha sido posible distinguir los mitos posteriores de las auténticas diferencias en las creencias de ambas religiones.

Naturalmente, no se pueden negar esas diferencias, pero su aceptación no ha de llevar a una confrontación o a la polémica, sino al respeto de la diversidad. ¿Hay alguna esperanza en que se pueda llegar a un respeto mutuo, o las controversias históricas lo hacen imposible? ¿Es posible hacer algo?

Quizá la mejor manera de reconocer al otro es entender qué tenemos en común, qué puedo yo aprender y qué puedo aportar.

Por ello, quiero terminar atreviéndome a proponer breves respuestas a esos tres interrogantes.

1. ¿Qué podrían compartir musulmanes y cristianos en el siglo XXI?

Tenemos en común la fe en un solo Dios, libre Creador, soberano, omnipotente, que ha dado una revelación como guía para nuestra vida, y que este mundo se acabará un día y resucitaremos después de la muerte. Entonces, Dios recompensará a los buenos y castigará a los malos.

Estas coincidencias podrían ser válidas para todas las épocas, pero en nuestro contexto histórico, la fe común se vuelve más específica.

Es posible y necesario promover una cultura de respeto de la persona. Muchas personas ya no se reconocen criaturas de Dios y piensan que los hombres no tienen mayor dignidad que los animales. Por eso, quienes tenemos el don de la fe debemos mostrar juntos que somos criaturas de Dios a través de sus consecuencias: que cada persona humana tiene una dignidad única. Y los principales campos de aplicación de esta idea son la familia y el aprecio por la vida humana.

Las grandes concepciones del mundo y de la vida humana son sólo dos: o fuimos creados por Dios y tenemos un destino eterno, o no se puede encontrar un sentido a la vida, porque es fruto de un azar sin dirección. Creer en Dios da sentido a la vida, a la vida de uno mismo y a la de los demás. Pero hay un ambiente de sospecha contra la idea de Dios en nuestra civilización, como si esa fuera la causa de las guerras y la violencia en el pasado e incluso en el presente. Es urgente convencer al mundo de que la religión y la fe en Dios no aceptan la violencia, sino que promueven la paz. Y esto debe hacerse a través de un claro rechazo a los grupos e ideologías que tratan de imponer sus creencias –con frecuencia sus intereses disfrazados de creencias– a través de la violencia.

También el sentido moral es consecuencia de la fe en un Dios que ha ordenado la creación y nos da la capacidad de distinguir el bien del mal. Con frecuencia nos podemos confundir en determinar si algo es bueno o malo, podemos discrepar del juicio de otros y hay acciones cuya moralidad puede no resultar clara, pero el sentido moral, el convencimiento de que existe un bien y un mal y que hay que elegir el bien, en última instancia, no lo puede aportar la sociedad, sino que está inscrito en la naturaleza humana. Si Dios no hubiera creado al hombre, todos los hombres serían a-morales, no tendrían conciencia alguna. Muchas ideologías ateas pretenden negar esa capacidad de obrar moralmente, pero con eso lo único que consiguen es generar una insatisfacción profunda y sin solución, pues van en contra de la realidad, y la realidad es tozuda.

Los que creemos en Dios hemos de defender el orden moral, no solo por motivos funcionales sino por respeto al creador.

2. ¿Qué pueden aprender los cristianos de los musulmanes?

Está muy extendida la mentalidad que trata de expulsar a Dios de la vida y de la sociedad. Ha afectado a muchos cristianos tomando la forma de confianza en el poder humano, en su ciencia y en la tecnología, como alternativas a la confianza en Dios. Y muchos se sienten infelices y perdidos sin saber por qué.

El islam enfatiza la dependencia absoluta de los hombres de Dios más que la fe cristiana. El sentimiento de ser criaturas humildes que no pueden confrontar o culpar a Dios por sus destinos, está profundamente arraigado en el Corán. Y algunos cristianos necesitan encontrar a Dios de nuevo en una profunda actitud de respeto ante el Misterio.

Asimismo, la intensa sensación de libertad entendida como independencia total ha producido en la civilización occidental un declive en el comportamiento moral. La moral cristiana tiene unos estándares muy elevados, pero la sociedad descristianizada se ha rebelado y tomado el camino opuesto. Y la moral social en muchos países cristianos, o mejor ex-cristianos, se considera algo superado por el hombre adulto. En cambio, para los musulmanes es importante que las virtudes tengan un reflejo exterior, que sean respetadas y promovidas públicamente. Es preciso lograr que autoridades, publicidad, cineastas, etc., frenen la agresividad de la inmoralidad pública. Y en eso la aportación de los musulmanes puede ser muy eficaz.

3. ¿Qué pueden aprender los musulmanes de los cristianos?

La mencionada actitud de absoluta dependencia de Dios crea en algunos musulmanes un distanciamiento doloroso de Él. El temor de Dios, entendido como miedo, puede ser percibido como la razón para obedecerle y comportarse bien.

La fe cristiana pone más énfasis en la importancia de establecer una relación personal con Dios. Esos musulmanes pueden aprender de los cristianos cómo hacer la oración personal, sin dejar las fórmulas rituales. Esto no se fomenta desde el islam, pero es compatible con el Corán. Una oración consistente en hablar con Dios con las propias palabras, la oración del corazón, facilita el descubrimiento de que Dios nos ama. Y también nos hace comprender que espera nuestro amor por él y por los demás, por toda persona humana. Y una mente cristiana no entiende este amor sólo como un sentimiento; puede ir acompañado de sentimientos, pero debe incluir siempre la donación de sí mismo a Dios.

La insistencia de las enseñanzas cristianas en las virtudes personales es otro tema que puede enriquecer al islam. Los buenos hábitos en las relaciones con Dios, con los demás y con uno mismo ennoblecen a la persona en todas las dimensiones y son comunes a la naturaleza humana.

Y desde un punto de vista social, un logro de la cultura occidental arraigada en el cristianismo es la separación del poder humano y la religión. Este tema está en una evolución compleja en muchos países islámicos –como lo estuvo en los países cristianos en el pasado– y puede dar buenos frutos a medio plazo, sobre todo de cara al entorno multicultural que se está extendiendo por todo el mundo.

Joaquín Paniello

joaquin.paniello@polisjerusalem.org

Hay muchos recursos accesibles para quien desea adquirir un conocimiento básico de la biografía de Mahoma. Por este motivo, aquí solo se resaltan unos datos de forma esquemática.

Datos biográficos esenciales de Mahoma:

570   Nace en La Meca. Queda huérfano a la edad de 6 años y lo adopta su tío Abu Talib, que era un líder de los Quraysh, la tribu más importante de La Meca.

583-609   Trabaja como mercader haciendo viajes desde La Meca.

595   Se casa con Khadija, viuda, hija de un mercader rico.

610   [con 40 años] Por vez primera, cuenta a su esposa que se le ha aparecido *Jibril* en una cueva.

613   Comienza a predicar en público y gana algunos seguidores. En La Meca, la mayoría eran politeístas y no vieron con buenos ojos que Mahoma predicara un Dios único.

619   Mueren su esposa y su tío. Al perder la protección de su tío, su situación en La Meca se hace difícil.

622   Se traslada a Medina con sus seguidores. Esta migración, que se llama la *hégira*, marca el inicio del calendario en la era islámica[1].

- En Medina, establece pactos con las distintas tribus y logra pacificar la ciudad
- Algunos de sus seguidores empiezan a acosar caravanas que van a La Meca

624   Batalla de Badr. Está esperando una caravana y se encuentra con un ejército de La Meca que sale a defenderla. Es la primera vez que gana una batalla, consolidando su poder en Medina. Sus seguidores ven en esta victoria una señal de que es un profeta de Alá.

624-632   Organiza la vida social y da reglas rituales. Continúa con incursiones militares en persona u ordenadas por él. Recibe visitas de delegaciones de otros pueblos.

630   Conquista La Meca.

632   Fallece en Medina a la edad de 62 años, después de una breve enfermedad.

Los cuatro Califas que le siguen se llaman los bien-guiados:
- 632-634   Abu Bakr as-Siddiq (padre de Aisha, esposa de M.)
- 634-644   Omar ibn al-Jattab (padre de Hafsa, esposa de M.)
- 644-656   Uthmán Ibn Affán (esposo de dos hijas de M.)

---

1. Los años en el calendario islámico comienzan en ese momento y tienen una duración de unos 355 días. Por eso no se corresponden con los años solares y sus festividades se van corriendo aproximadamente 10 días al año, cambiando progresivamente la época en que se celebran.

- 656-661   Ali ibn Abi Tálib (esposo de Fatima, hija de M.)

Las esposas de Mahoma tienen el título de «madres de los creyentes». Estas son las primeras, con los años que estuvieron casadas:

- Khadija bint Khuwaylid (595-619)
- Sawda bint Zam'a (619-632)
- Aisha bint Abu Bakr (619-632)
- Hafsa bint Umar (624-632)
- Otras entre nueve y dieciséis, dependiendo de las fuentes (625-632)

Las más importantes son Khadija, su única esposa hasta que ella falleció, y Aisha, que tenía siete años cuando se casó, según cuenta ella misma (cf. Sunan Abi Dawud 2121), y unos 20 cuando murió Mahoma. Su padre, Abu Bakr, fue el primer Califa. Ella vivió muchos más años y se convirtió en una de las fuentes más importantes de las tradiciones del profeta.

Adang, Camilla. 2010. «Polemics (Muslim-Jewish)». In *Encyclopedia of Jews in the Islamic World*. Brill: Brill Online. University of Pennsylvania.

Adang, Camilla, Maribel Fierro, y Sabine Schmidtke, eds. 2013. *Ibn Ḥazm of Cordoba. The Life and Works of a Controversial Thinker*. Handbook of Oriental Studies, Vol. 103. Leiden Boston (Mass.): Brill.

Al-Gazali, Abū Ḥāmid. 1999. *La refutación excelente de la divinidad de Jesús a través del texto del Evangelio*. Las citas son traducción de la versión francesa: *Refutation Excellente de la Divinite de Jesus-Christ d'apres les Evangiles*, Paris: Librairie Ernest Leroux. R. Chidiac (trad.). Istanbul: Hakîkat Kitâbevi (4th ed.; 1st 1938).

Augustinus, Aurelius. 1845. «De Trinitate», in *Patrologia Latina (PL)*. Edited by J.-P. Migne. Vol. 42. Traducciones propias.

Cumming, Joseph. 2005. «Did Jesus Die on the Cross? Reflections in Muslim Commentaries». In *Muslim and Christian Reflections on Peace: Divine and Human Dimensions*, 32–50. Lanham, Md: University Press of America.

Féghali, Paul. 2012. «Le texte évangélique dans les sources musulmanes». In *Parole de l'Orient*, 37:47–66. Actes du 8e Congrès international des études arabes chrétiennes (Granada, septembre 2008).

Ibn Ishaq. 1967. *The Life of Muhammad. A Translation of Ishaq's Sirat Rasul Allah*. Translated by Alfred Guillaume. Reissued from first ed. 1955. Karachi: Oxford University Press.

Damascene, John. 1958. *The Fount of Knowledge*. Translated by Frederic H. Chase Jr. Vol. 37. The Fathers of the Church. A New Translation. New York: Fathers of the Church Inc. Las traducciones al español son del autor.

Kohler, Kaufmann, y Emil G. Hirsch. 1906. «CRUCIFIXION». In *The Jewish Encyclopedia*, The unedited full-text of the 1906 Jewish Encyclopedia. Accedido 25-09-2020. http://www.jewishencyclopedia.com/articles/4782-crucifixion.

Lawson, Todd. 2009. *The Crucifixion and the Qur'an: A Study in the History of Muslim Thought*. Oxford: Oneworld.

Maclean, Arthur John. 1901. *A Dictionary of the Dialects of Vernacular Syriac*. Oxford: Clarendon Press.

McGrath, Alister E. 2009. *Heresy: A History of Defending the Truth*. 1st ed. New York, NY: HarperOne.

Paniello, Joaquin. 2023. «The "Reality of Jesus" Death in Q 4:157: A Summary of views and a New Proposal in the Light of Jewish-Christian Controversies», en *Islamochristiana* 49 (2023) 235-264.

Pareja, Félix M. 1951. *Islamologia*. Roma: Orbis Catholicus.

Payne Smith (Mrs. Margoliouth), Jessie. 1976. A Compendious Syriac Dictionary. Founded upon the Thesaurus Syriacus of R. Payne Smith, D. D. 4a ed. Oxford: Clarendon Press.

Quran, https://quran.com/.

Reynolds, Gabriel Said. 2009. «The Muslim Jesus: Dead or Alive?». *Bulletin of the School of Oriental and African Studies, University of London* 72 (2): 237-58.

Reynolds, Gabriel Said. 2010. *The Qur'ān and Its Biblical Subtext*. Routledge Studies in the Qur'an (10). London-New York: Routledge.

Samir, Khalil. 2008. *111 Questions on Islam. On Islam and the West: A Series of Interviews Conducted by Giorgio Paolucci and Camille Eid*. Traducido por Wafik Nasry y Claudia Castellani. English ed. San Francisco: Ignatius Press.

Sunna, Collection of the traditional hadith, https://Sunna.com/.

Sureth Dictionary. Ed. Association Assyrophile de France. Accedido 29-03-2021, http://www.assyrianlanguages.org/sureth/index.php.

Ünal, Alí. 2009. *Sagrado Corán y su interpretación comentada*. Clifton: Blue Dome, Inc.